口才训练
仅需10天

王长江 著

SOCIAL ELOQUENCE
TRAINING
ONLY 10 DAYS
速成自学教程

吉林出版集团股份有限公司

图书在版编目（CIP）数据

口才训练仅需10天 / 王长江著. -- 长春：吉林出版集团股份有限公司，2017.8（2024.1重印）

ISBN 978-7-5581-3141-7

Ⅰ.①口… Ⅱ.①王… Ⅲ.①口才学－通俗读物 Ⅳ.①H019-49

中国版本图书馆CIP数据核字（2017）第213966号

口才训练仅需10天
KOUCAI XUNLIAN JINXU 10 TIAN

作　　者：	王长江
责任编辑：	何　武　杨　帆
封面设计：	苏　涛
开　　本：	787×1092　1/16
字　　数：	260千字
印　　张：	16
版　　次：	2018年1月第1版
印　　次：	2024年1月第3次印刷
出　　版：	吉林出版集团股份有限公司
发　　行：	吉林音像出版社有限责任公司
地　　址：	长春市泰来街1825号
邮　　编：	130062
电　　话：	0431-86012906
发 行 科：	0431-86012770
印　　制：	三河市金元印装有限公司

ISBN 978-7-5581-3141-7　　　　　　定价　40.00元

前言

美国成功学大师戴尔·卡耐基曾说过:"当今社会,一个人的成功,仅有一小部分取决于专业知识,而大部分取决于口才的艺术。"

人们一般都认为,说话不就是一件很简单的人与生俱来的事情吗?但实际上,说话并不是简单地张张嘴、动动舌头,而是非常讲究技巧的。有时候一张"嘴",就决定了成败。

会说话的人,一句话说得人笑,不会说话的人,一句话说得人跳。懂得说话技巧的人,能把一句原本并不中听的话,说得让人觉得舒服。

有人说"从早晨睁开眼睛开始,一天中的每件事都必须用语言来推动。"的确,无论是日常闲聊、饭局应酬、职场沟通、恋爱婚姻,还是求人办事、朋友相处,一张会说话的嘴,能让你事半功倍。

没有人是天生的语言大师,说话的技巧也不是三天五天就能驾轻就熟的。编者独具匠心,以"天"作为书的结构顺序,一方面是告诉读者说话的学问并不是想象的那么深奥,另一方面也旨在向读者说明学习说话是一个循序渐进的过程,不可操之过急。

著名主持人蔡康永说:"把说话练好,是最划算的事。"话说得好,小则可以讨喜,大则可以保身;而话说得不好,小则树敌,大则事业失败。有一副好口才,能够为我们的生活和工作带来很多便利。

尤其在职场中,办公室里有不同性格、背景的人,如果不会察言观色,随便说出一句话很可能得罪对方。聪明的人不会让这种情况发生,有的人喜欢谈论经济，我们就不要跟其谈八卦；有的人性格敏感，我们就不要在其面前谈人情世故。说出对方喜欢听的话，对方自然非常器重我们。

在面对上司时，关键场合话要说得尊重但不谄媚，用巧妙的方法夸奖上司。还有一句话叫："有些时候，想要赢得上司的尊重，就只能违抗他。"当上司的一些要求过分时，也要用巧妙的语言表达"抗命"，即使是提出建议，也要给上司留足面子。

在与上司的沟通中，我们要"三思而后说"，每个领导都有几片"逆鳞"，都有几根软肋，在与领导的相处中，我们还要注意千万不要祸从口出。

除了职场交际，本书还详细介绍了如何自我介绍，如何受到同事的欢迎，如何与朋友交流，如何迅速与陌生人拉近关系等技巧。

书中以有趣的故事为主，配以精妙的点睛之笔，风格独到，简洁实用，篇篇都是精品。相信你在认真读完本书之后，认真揣摩锻炼，你的说话能力一定会大幅度提高。

目 录
Contents

前言 / 001

第一天

闲聊，懂得把对方放在心上

1. 准确叫出别人的名字是一种尊重 / 002
2. 一开口就让人对你相见恨晚 / 003
3. 对方关心和感兴趣的就是最佳话题 / 005
4. 聊对方引以为豪的事情 / 006
5. 谈谈彼此都熟悉的事情 / 007
6. 有效提问，引导对方说下去 / 009
7. 对每个人都表现得礼貌、尊重 / 011
8. 不做应声虫，随声附和也要讲究技巧 / 012
9. 请成功人士说说自己的艰难奋斗史 / 014
10. 谈话时不可表现出不耐烦 / 015
11. 失意人前不谈得意事 / 017
12. 了解别人的忌讳，然后机智地避开 / 018
13. 别人正高兴时，最好不要宣布坏消息 / 020
14. 把"我"字换成"我们" / 021
15. 闭上自我炫耀的嘴巴 / 022
16. 拒绝得越委婉，被拒绝的人越有面子 / 024

第二天

逻辑思维下的语言能巧妙化解尴尬和敌意

1. 说话不能直肠子，转个弯儿效果更佳 / 027
2. 会说话的人能让批评也悦耳动听 / 029
3. 拒绝的话，需要隐晦曲折的表达 / 031
4. 说话莫要揭人短 / 033
5. 传达坏消息，话要"曲"着说 / 035

目录 CONTENTS

6. 聪明人选择诙谐的方式表达不满 / 038
7. 心无成见才能好沟通 / 040
8. 避免无谓的争执 / 042
9. 用关怀消除对方的抵触 / 045
10. 如何应对别人的嫉妒 / 047
11. 授人玫瑰，切勿以刺对人 / 050
12. 一个好消息和一个坏消息，先听哪一个 / 052
13. 尊重理解，求同存异 / 054
14. 宽容大度，莫斤斤计较 / 056
15. 有了矛盾，不妨搁置一边"冷处理" / 058

第三天
想受器重，可以这样和上司沟通

1. 学会主动道歉 / 062
2. 主动汇报工作进度，领导会更放心 / 063
3. 布置工作时，领导最喜欢听"我马上处理" / 065
4. 一定要学会"推功揽过"这一招 / 066
5. 语含轻视，吃不了兜着走 / 068
6. 切记不要替上司做决定 / 069
7. 职场新人，喊上司"头儿"并不讨喜 / 070
8. 绝不说"为什么某某的薪水比我多" / 072
9. 不说"如果这样不行，我就真的没法干了" / 073
10. 少说"我不知道" / 075
11. 对领导说不，一定要把握好时机 / 076
12. 表达忠诚，让领导感到你值得信任 / 078
13. 有了荣耀，感谢领导的话要会说 / 079
14. 做错事，认错是上策 / 081
15. 给上司提建议而非意见 / 082
16. 非工作场合，遇到上司说什么 / 084

第四天

怎么说，才能更受同事欢迎

1. 同事喊我"小李"，都不想搭理他 / 087
2. "早上好"，每天送给同事的温馨问候 / 088
3. 有了荣耀，归功给大家 / 089
4. 主动沟通，迅速提高你在同事中的存在感 / 091
5. 升职后怎样标榜自己的新身份 / 092
6. 不想树敌，就别在背后议论同事是非 / 093
7. 不伤和气地拒绝同事的不合理请求 / 095
8. 同事之间不宜"无话不谈" / 096
9. 别倚老卖老，在新同事面前摆老资格 / 097
10. 得理也要让三分 / 099
11. 装傻回复男同事的荤段子 / 100
12. 关于谈论工资那点事儿 / 102
13. 借给同事的钱，怎么要回来 / 104

第五天

爱的语言，聊出来的浓情蜜意

1. 满足的话越说越幸福 / 107
2. 夫妻之间最暖心的一句话——"你辛苦了" / 108
3. 你也许是对的，但错在你大声喊 / 109
4. 相爱再多也需要彼此尊重 / 111
5. 有不满，也绝不随意指责 / 112
6. 把命令换成和颜悦色的商量 / 114
7. "都怪你"——责怪会使夫妻感情疏远 / 115
8. 甜言蜜语巧出口 / 117
9. 昵称传达恋人的浓情蜜意 / 118
10. 含蓄的表达爱意会有更好的效果 / 119
11. 赞美越多，爱情越甜蜜 / 120
12. 斗嘴增进恋人间的感情 / 122
13. 拒绝你不爱的他，不要害怕伤害他 / 123

目录 CONTENTS

14. 即便面对心爱的人，也不必百依百顺 / 125
15. 不必向恋人坦白你的情史 / 126
16. 吵得再凶，也不揭短 / 128
17. 给失意的爱人贴心的安慰 / 129

第六天

与客户套交情，生意是谈出来的

1. 过度的热情会把客户吓跑 / 133
2. 问只能用"是"来回答的问题 / 134
3. 加一个鸡蛋还是两个鸡蛋 / 135
4. 使用让客户感觉良好的语言 / 137
5. 经常向你的客户表达谢意 / 138
6. 把推销改成建议 / 140
7. 别顾着一味地介绍，应听听顾客怎么说 / 141
8. 换位思考比争辩更有效 / 143
9. 学会向客户妥协和让步 / 145
10. 巧妙激发客户的兴趣 / 146
11. 投其所好未尝不可 / 148
12. 少使用专业术语 / 149
13. 客户永远是对的，错了也是对的 / 150
14. 在客户不耐烦之前礼貌告辞 / 153
15. 客户穿着破旧，不是你怠慢他的理由 / 155

第七天

攻心说服，不用蛮力用巧劲儿

1. "旁敲侧击"更容易接受 / 158
2. 说服不是辩论赛 / 159
3. 心软的人，就要用软话攻心 / 161
4. 以利益作为引导 / 162
5. 想得"寸"，先要"尺" / 164
6. 真诚的劝说才能激发共鸣 / 166

7. 沉默恰到好处，说服无声无息 / 167

8. 别在对方心情不好时提要求 / 169

9. 抓住需求，一句话打动对方 / 170

10. 运用最后时限，给对方施加压力 / 171

11. 步步紧逼，在心理上压倒对方 / 173

12. 利用心虚，辨别对方真伪 / 174

13. 口头禅是人内心对事物的一种看法 / 176

14. 满足对方好奇的心理 / 177

15. 培养亲和力，让你的语言更有感染力 / 179

16. 先退一步，再往前跳 / 180

17. 下有人情味的逐客令 / 182

18. 没有人爱听命令 / 183

第八天

求人办事，谈出情意打动人心

1. 不要勉强别人帮你办很难的事 / 186

2. 关系很铁，也别直言"喂，这件事交给你搞定" / 187

3. 要深谙迂回战术 / 188

4. 谈正事之前营造气氛很重要 / 190

5. 自信同样为你加分 / 191

6. "请"人，才能办事 / 193

7. 姿态要低，方法要巧 / 194

8. 从情入手，激起别人的同情心 / 195

9. 给对方戴个高帽，让他心甘情愿伸出援手 / 197

10. 找准所求人心理的薄弱点，"恭"其所需 / 198

11. 求人办事，遭到拒绝后坚持言语和气 / 200

12. 入情入理的话更有说服性 / 202

第九天

讨人喜欢必备神器：会赞扬巧批评

1. 背后偷偷赞美别人更显诚意 / 205
2. 别让你的赞美之词引起误解 / 206
3. 多说"谢谢"：感激也是一种赞美 / 207
4. 物往贵处说，人往年轻讲 / 209
5. 赞美对方不易为人知的优点 / 210
6. 头衔虽然是无形的，却让人觉得很有面子 / 212
7. 赞美的话不是越多越有效 / 213
8. 赞美不到位，吃力不讨好 / 215
9. 将批评隐藏在肯定中 / 216
10. 会绕圈子，不碰钉子 / 217
11. 识破别点破，面子上好过 / 219
12. 明明是拒绝，说出来却成了鼓励和赞美 / 220
13. 巧妙暗示比直接批评更有效 / 221

第十天

谈笑风生，学一点幽默技巧

1. 不知当下流行的搞笑语录？你OUT（落后、落伍）了 / 224
2. 向主持人孟非学习自嘲 / 225
3. 一定要能说一两句笑话 / 227
4. 出丑时，抢在别人笑你之前先笑自己 / 228
5. 玩笑有度，小心踏入对方禁区 / 230
6. 大词小用，语言表达更风趣 / 231
7. 现学现卖，不笑都难 / 233
8. 调侃他人，把握分寸更应景 / 234
9. 巧用俏皮话，提升幽默感 / 236
10. 幽默式批评，让人更容易接受 / 238
11. 别把黄色笑话当幽默 / 239
12. 幽默不同于滑稽，更不是讽刺 / 241
13. 初次见面，用幽默的方式介绍自己 / 242
14. 化解尴尬的机智妙语 / 243
15. 就地取材，幽默无处不在 / 244

第一天

口才训练仅需10天

闲聊，懂得把对方放在心上

1. 准确叫出别人的名字是一种尊重

> 人这么喜欢自己的名字，当别人给你写电子邮件、跟你讲电话时，如果三不五时提起你的名字，你专心而且认同的程度都会因此大大提高。
>
> ——蔡康永

试想一下，在人头涌动的街头，突然路遇多年没见的朋友，对方欣喜地叫出你的名字，你心中是什么感觉？是激动，还是窃喜？的确，能被久未谋面的朋友叫出名字，不仅感觉到了自己被他人所尊重，而且一种久违的亲切感也扑面而来。

吉姆曾经是罗斯福身边的左右手，罗斯福非常信任他。可是吉姆10岁时父亲去世，他就辍学去砖厂打零工，再没上过学。所以很多人对吉姆的发迹感到惊奇，记者向吉姆请教成功的秘诀时，吉姆笑着说："苦干，外加我能叫出五万个人的名字。"

吉姆最初是在一家石膏企业担任外务员，他除了工作出色，还自创了一套记忆姓名的办法。吉姆不只是简单的记住人名，他把对方的职业、宗教、党派、家庭状况全都记得一清二楚！吉姆用这种方式记下了每一个与他有一面之缘的人，因此交下了很多朋友。

后来，罗斯福开始竞选总统，吉姆帮忙每天写800封信给美国各地的人，又在不到20天的时间里，坐火车经过20个州，每经过一个城镇，吉姆就跟见他的人聚餐。等到吉姆结束访问，回到东部后，他又立刻写信给这些日子以来见过的每一个人，请他们把亲友名单寄给他。

这样，吉姆认识的人越来越多，朋友队伍如同滚雪球般壮大。吉姆在这些人面前宣传罗斯福的竞选主题，给罗斯福走上总统之路提供了很大帮助。

能够准确叫出对方的名字在任何社交场合都能派上用场。例如，欧美人在说话时，常说："来杯咖啡好吗，查尔德先生""关于这一点，你的想法如何，查尔德先生"，频频将对方的名字挂在嘴边，此种作风往往使对方感受到被人所认同，并涌起早已相交多年的亲密感。

所以，在与对方交往时，我们一定要记得将对方放在心中，悄悄为其设立一个档案，准确记住对方的名字及相关资料，这样不但有利于缩小彼此的陌生距离，而且还能在下次见面时给对方留下好的印象。

2. 一开口就让人对你相见恨晚

第一印象往往决定了你在别人眼中的形象。

——佚名

自古以来相见恨晚、一见如故成就了多少知己好友，而要掌握"一见如故"的诀窍就要善于和陌生人打交道，给对方留下初次见面的好印象，这样对扩大你的社交圈子非常有帮助。

那么究竟怎样做才能让对方对你有相见恨晚的感觉呢？

问候式：

"您好"是向对方问候致意的常用语，也是人与人交往最基本的礼貌素养。问候语要根据对象、时间、地点的不同而产生变化。比如，面对德高望重的长辈，要说"您老人家好"，表示晚辈对长辈的尊敬；面对多年没见的老朋友，要说"老李你好""老赵总算见着你了"，显示两人亲切的关系；面对一些具有明显职业特征的人，要在姓后面加上职业名称，如"杨老师""赵医师"，也显示尊重；如果在节假日期间与人相遇，可以说一些节日快乐的话，如"你好，新年快乐""中秋节快乐"……

攀亲式：

1984年，美国时任总统里根带领夫人访问上海复旦大学。面对现场100多位素未谋面的师生，里根使用了攀亲式问候："大家好，我与你们学校有着密切的关系，你们的校长和我的妇人南希都是美国史密斯学院的校友，这样看来，我们都是朋友了！"话一说完，全场掌声雷动，随后的谈话极为融洽。

还可以这样开场："我认识你的妈妈""我曾经和你哥哥是同班"等。短短的几句话就能拉近彼此的距离，只要你善于寻找，就一定会发现与其"有关系"的地方。

敬慕式：

对初次见面者表示敬重、仰慕，这是热情有礼的表现，也是你对对方的重视。用这种方式必须注意掌握分寸，恰到好处，不能乱吹捧。以下是很好的敬慕式表达："您这次发的新专辑我听过很多遍，真的是天籁之音啊！歌词也写得非常好。""前几天我还看过你录的节目，非常好看。"

在生活中还有很多方法等着我们去发掘。每个人都希望得到别人的承认和肯定，需要别人的诚意和赞美。被别人关注的感觉真的很好，如果第一次和别人交往就被关注，那自尊心就能得到极大的满足。无疑，他对对方的好感就会更加强烈。

当然，说好初见的场面话，仅仅是良好的开始。要谈得有味，谈得投机，谈得其乐融融，真正建立起友谊，我们还需要留意试探身边的每一个人，这样就不难发现彼此有对某一问题的相同观点，某一方面共同的兴趣爱好，某一类大家关心的事情

3.对方关心和感兴趣的就是最佳话题

> 如果你要使别人喜欢你,如果你想他人对你产生兴趣,你注意的一点是:谈论别人感兴趣的事情。
>
> ——戴尔·卡耐基

人际关系学大师戴尔·卡耐基说过这样一段话:"在去钓鱼的时候,你会选择什么当鱼饵?即使你自己喜欢吃起司,但将起司当鱼饵也钓不起半条鱼。所以,即使你很不情愿,也不得不用鱼喜欢吃的东西来做鱼饵。"

每个人都有自己感兴趣的东西,有的人喜欢汽车、香烟、旅行,有的人喜欢时装、化妆品、逛街等。想和别人聊得投机,那么你就需要学会和对方聊起对方感兴趣的话题。只有从对方的心理入手,懂得去寻找对方感兴趣的话题,满足对方的心理需求,我们才会受人欢迎。

杜佛诺公司是一家面包公司,为了开发新客户,公司经理杜佛诺决定要把面包卖给纽约一家大旅馆。为此,杜佛诺每星期都要去拜访一次那家旅店的经理,还频繁地参加他们所举行的交际活动,但这样做似乎没有多大成效,杜佛诺一次次地被拒绝。

后来杜佛诺决定改变自己的策略。他调查了解到旅馆经理是美国旅馆业协会的会员,并且他希望成为该会的会长,甚至还想成为国际旅馆业协会的会长。

因此,当杜佛诺再见到那家旅店的经理的时候,主动开始谈论"美国旅馆业"协会的话题。果然不出他的所料,旅馆经理很高兴,他们一起聊了半小时。

谈话中,杜佛诺根本没提到面包的事,但是,几天之后,旅店的大厨师却打电话给杜佛诺,要他把面包样品和价格送过去。

也许并非每个人都擅长言谈，但是对自己感兴趣的话题，每个人都能侃侃而谈，而且充满了激情。比如，你跟一个爱好汽车的人谈汽车，他必然会舌灿莲花；相反，你跟一个热爱游戏的人谈书籍，他将会非常反感。因此，谈论别人关心的事是一种博取对方的好感和维系这种好感的最有效的方法。当你试图与一个人建立良好的关系的时候，不妨多和他聊聊他感兴趣的话题。

说对方关心和感兴趣的事并不是那么容易就可以做到的，我们必须花时间花心思去了解这个人，只有真正了解了这个人，我们才能把握住对方感兴趣的事情。而如果你在这方面的知识非常渊博，自然可以与对方相谈甚欢。记住，当我们对别人感兴趣的时候，就是别人对我们感兴趣的时候。

4. 聊对方引以为豪的事情

> 每一个人都有自认为得意的事情，这事情的本身，究竟有多大价值，是另一问题，而在他本人看来，却认为是一件值得终身纪念的事。
>
> ——佚名

如果你能多注意他人最引以为豪的事情，并适当地赞美，那么对方对你的好感指数瞬间就会爆棚。

美国著名的柯达公司创始人伊斯曼，做了一次慈善，他捐赠了一大笔钱，打算建造一座音乐堂、一座纪念馆和一座戏院。这可是一桩大生意，很多制造商为接下生意抢破了头。

优美座位公司的经理亚当斯也不例外，他亲自来见伊斯曼。当他推开办公室门时，伊斯曼正在埋头处理一堆文件。亚当斯也不说话，静静地站在一边打量这间高雅的办公室。

过了很长一会儿,伊斯曼抬起头放松,这才发现了亚当斯,便说:"先生,您有什么事?"

亚当斯说道:"伊斯曼先生,本人长期从事室内装修,但从来没见过装修得这么精致的办公室,您的办公室实在是太棒了!"

伊斯曼来了兴趣,说道:"哈哈,这间办公室是我亲自设计的,建好的时候高兴了很长时间,现在时间长了倒是不太注意欣赏了。"

亚当斯走到墙边,用手摸摸,又说道:"我想这是英国橡木,是不是?只有真正懂木材的人才会选择英国橡木。""是的,"伊斯曼高兴得站起身来回答说,"那是从英国进口的橡木,是我的一位专门研究室内橡木的朋友专程去英国为我订的货。"

……

亚当斯和伊斯曼聊了很久,从装修到建筑学,从现代艺术到古典美学,两个人都聊得很开心。直到亚当斯告别的时候,两人都未谈及生意。可最后,亚当斯不但得到了大批的订单,而且和伊斯曼结下了终生的友谊。

当然,你在说的时候还要注意技巧,表示敬佩,但不要过分推崇,否则反而会引起别人的不安。事情的关键要慎重提出,加以正反两方面的阐述,使得他认为你是他的知己。你一面听,一面说几句表示赞赏认可的话,即使他是个冷静的人,也会变得和蔼可亲,然后你利用这个机会,稍稍暗示你的意思,这样谈下去的结果自然是皆大欢喜。

5. 谈谈彼此都熟悉的事情

谈论共同话题能拉近彼此的关系,获得亲密感。

——佚名

在交谈中，要打开对方的话匣子，不妨谈谈彼此都熟悉的话题，这些彼此都能谈得来说得开的话题，往往能打破说话时尴尬的僵局，缓和气氛，使交谈的双方轻松自如，从而进入融洽的谈话气氛中。

顾鹏最近喜欢上了一个女孩子。那个周末，顾鹏去星巴克喝咖啡，正看见斜对面一个长头发女孩坐在窗边，桌上一杯咖啡，一本书，午后的阳光洒在女孩脸上。

顾鹏心动了，他走过去发现那本书叫做《FBI教你读心术》，于是笑着跟女孩打招呼："嗨，我觉得现在你正在等一个朋友。"

"是啊，你怎么知道的呀？"

"因为我有读心术，因为我正好也刚看过你桌子上这本书。"

女孩很高兴，感觉顾鹏是个知己，说道："我最近才读，觉得受益匪浅。"

于是顾鹏有一搭没一搭地和女孩聊天，共同的看书兴趣让他们那次交谈甚欢，甚至有相见恨晚的感觉。

与人交谈时，共同的话题很重要，要是你发起的话题，对方一点也不熟悉，人家对你问的问题一点也不了解，不尴尬才怪呢！所以，与人交谈，不妨找一个彼此都熟悉的话题，这样才能打开对方的话匣子。而这就需要我们拥有一双发现对方特点的眼睛。平时，我们可以认真观察一下谈话对方，看看他们是不是有比较特别的地方，比如对方此刻是否在刷微博，比如，对方穿着上是否有异族风情的配饰，比如对方使用的手机款式，比如对方所抽香烟的牌子或爱喝的酒，比如对方是否有得意的手艺……谈论这些细节，这些对方感兴趣的你们都熟悉的事情，肯定能让他们兴致勃勃、娓娓道来。

特别是与初次相见的陌生人交谈，这种谈话方式最能拉近彼此之间的距离了，很多人在初识者面前感到拘谨难堪不知道说什么才好，原因只是没有发掘到彼此都熟悉的话题而已。

一旦我们找到这样的话题，无论在哪个场合中，无论与谁交谈，我们都能应对自如，可以挑起对方与我们交谈的兴趣，这样我们也能更好地扩展人缘，为自己在生活与事业上，营造一个个绝佳的发展和牟利的机会。

6.有效提问，引导对方说下去

> 在对话中主动提问，积极思考，会令对方充分感到你的专注和投入，确保对方有兴趣说下去。
>
> ——佚名

有效的互动交流，意味着拒绝沉默。没有任何反应就意味着你不在听，所以我们要给对方回馈。恰当有效的提问，会显示出你对对方的关心，对方也会想要继续和你交流下去。有效提问，就是让对方感觉舒服又愿意回答你的问题。

通过巧妙的问题，能够知道对方的需要，表达自己的意思，引发对方尽可能更多的回答。

问：您做这个工作多久了？
答：大概七年了。
问：您喜欢这个行业吗？
答：很喜欢。
问：您还会其他的吗？
答：我还学过表演。
问：您是哪里人？
答：苏州。
……

这样的提问，往往对方的回答只需几个字就可以。提问的人很辛苦，回答的人也不舒服，这种方式会让人觉得气氛尴尬，没办法再聊下去。但如果换个方式，换成另外的提问，就顺畅得多：

你为什么想到要从事这个工作？
这个工作让你学到了什么？
你对未来几年有什么规划呢？
那里都有什么好玩的？
……

提出的问题要能引起对方的思考、引导对方说出你想要获取的信息，提问的时候，像这样以"为什么""能不能""怎么样""行不行"开始，能让对方主动地、自然而然地讲出更多的有关情况、想法、情绪等，而不是以"是"或"不是"等几个简单的词就结束回答。

"那么以后又发生了什么事情？""当时你怎么想的？""还有什么人在场？""对这件事你是怎样看的？""你是如何知道别人的这些看法的呢？"这样的问题往往会引导出来对方对整个事情的描述及其自己的看法。

"能不能告诉我，这事为什么使你感到那么生气？""可不可以告诉我，你是怎样想的？"以"能不能""可不可以""行不行"开始的这类问题，可以说是最为开放的问题了，这种问题可促进来访者的自我剖析、自我探索。这类问题一般都会得到一个较为满意的答复，但也可能有的来访者会说"不能""不可以""不行"等。如果发生这种情况，咨询者还可以进一步使用其他开放性问题，如"为什么……"等。当然这样的情况可能很少发生。

想让自己的问题不变成废话，要慢慢来，可以先提一些相关又不是特别重要、对方又能够迅速回答的问题，然后再逐步深入，提问一些自己想知道的问题。不要在不熟的时候问一些可能会让对方感到尴尬或者隐私的问题，这会让人非常反感。

另外不要没完没了一直提问对方，要体谅对方，抓住一个合适的谈话节奏,使对方愉快地回答问题。

提问不要随随便便对任何方面都提出问题,能正确引导谈话的走向并积极参与,才能获得一次愉悦而且有效的沟通。

7. 对每个人都表现得礼貌、尊重

> 作为谈话节目主持人,我觉得除了需要具备会表述和倾听外,还应该善解人意,对每个人都表现得礼貌、尊重。
>
> ——崔永元

每个人都值得尊重,当和别人谈话时,无论对方的地位、等级、辈分如何,我们都要尊重他们。尊重他人其实就是尊重自己,一个懂得尊重别人的人,必定会得到别人的信任和喜爱。

电视节目中的柴静,面对每一位受访者,她都会以一个倾听者的姿态存在,身体前倾,目光注视着对方,并适时点头。她希望每一位受访者都能从她这里感受到理解和尊重。

柴静曾采访过一个因为被性侵而杀人的少女。当时女孩并不愿意接受采访,怕因此影响自己以后的生活,柴静对此表示理解,她对女孩说:"接受和不接受采访,都是你的权利。除了司法机关,任何人跟你交谈案情,你都可以拒绝的……我只能说,如果你愿意谈一谈,我愿意听。"

女孩被柴静的真诚和体贴所打动,终于接受了采访。在采访的过程中,有些问题是可以问的,但是柴静没有问,她说:"这些问题与案件的判定无关,与基本事实无关,只与人性有关,我听时有自己的判断,但我没再问下去。这样的题材涉及到人最深处的秘密,这世界上有的事,有的问题,只能与母亲，与姐妹，与爱的人分担；或者，只能永远留在一个人不知名的深处。"

正是柴静表现出来的礼貌与尊重，才让受访者愿意接受她的采访，并对她吐露心声。有时候，一句尊重的话能够给处在逆境、困境中的人无穷的力量和信心，让他们振作起来。

那么我们要怎样表达自己对他人的尊重呢？

第一，使用敬语。日常生活中，说话时会有许多口头"敬语"，我们可以用来表示对人尊重之意。正确地使用敬语是一个人有身份修养的标志。例如，如果你请别人为你服务时，一定要加上"请"或"某先生"。

第二，注意对对方长辈的称呼。在交谈中，称呼对方的父母，应该说"伯父""伯母"，直接说"你爸爸""你妈妈"当然也可以，但缺乏礼貌。很多时候，同样一个意思，讲法不同，给人的感受就是不一样的。

第三，与人交流，看着对方眼睛，传达出的是一种认真听讲的讯息，是一种尊重。但是盯着对方的眼睛，会让彼此都很不自在，所以说话时看着对方的鼻子比较合适。

总之，不管对方是什么年龄、身份与地位，我们都应该对他们表示出自己的尊重和礼貌。

8.不做应声虫，随声附和也要讲究技巧

> 聆听对方的讲话，认真观察其细微的情绪与体态的变化，并做出积极的响应。
>
> ——佚名

现实中有这么一种人，无论谁对他提什么要求，跟他说什么事情，他都只会回答一个字"是"，这种人我们称之为"应声虫"。这种没主见的附

和，我们虽然省力了不少，但一点都不讨喜，尤其是在职场上。

月底的时候公司聚餐，老板喝了几杯酒之后，对员工们感慨道："现在的生意越来越难做了啊，几个同行的效益很差，眼看着坚持不下去了。我也不轻松，有时候我这个做老板的还不如你们几个挣得多，我都不如关了公司给人家打工去。"

员工小王附和道："现在市场不景气，行情就是这样，不过以老总你的实力，就算是打工也不少挣啊。"

老板轻轻一笑，不说话了。这时，另一个员工小林说道："可别啊，有些人就是天生当老板的料，有头脑、有谋略，对我们这些员工也都很照顾，老总你就是这种人，你要是不开公司了，谁来给我们发工资啊。"听了这话，老板笑骂道："合着我当老板就是给你发工资的啊。"语气中表现出几分得意。

在上下级关系中，个人的独立判断再一次退让---领导的意见永远正确，领导觉得好才是真的好，下级似乎要做没有头脑、没有主见的应声虫，领导说什么，我们也跟着说什么。但事实上，随声附和并不像我们想象中的那样卑微，随声附和也是有技巧的，只要你掌握到了其中的技巧，那么，随声附和一样也可以堂堂正正，也一样可以掷地有声。

随声附和有时候除了明确地表明自己的观点外，更重要的是讲出道理来，要有自己的见解，有理有据地陈述事实；要承认话题的事实性，并在此基础上有所引申，拓宽话题范围；随声附和要因时、因人而异，不应简单地类比或草率地安慰。光说些"对""是的""说得太好了"之类的话是没有用的，这种简单俗套的附和手段，非但无法挑动被附和者的神经，反而还会让旁边的其他人鄙视你的人品。

真正的随声附和不能让对方明显地察觉出你是在拍他的马屁，这样会让他觉得你是另有所图，而应该不动声色，让对方认为你是真的认同他的观点，附和他的心意，这样就能让他对你产生如遇知己的感觉。

9. 请成功人士说说自己的艰难奋斗史

> 要想让别人说出"干货",关键在于你能否把话说到别人的心窝里,打动人家的心弦。
>
> ——佚名

有的时候当我们见到一个大人物,比如明星、企业家,面对这些似乎高不可攀的人时,我们说的话题未必会让对方感兴趣,所以在这种时候不妨请他们说出自己曾经的奋斗历程,比如:"请问您在未成名的时候是否有过很艰难的时刻?""我很想知道您是怎么只用了500块钱而白手起家的。"这样的问题对方非常乐于回答,于是也就打开了交际的闸门。

这是一种投其所好的另类表达。对方喜欢说的事情我们就主动要求对方说,很多有成就的人在心里总会有一个想法:"你难道对我的过去不感兴趣吗?"这是一种不被重视的感觉,那么对我们也就少了很多好感。

中央电视台《开讲啦》的一期节目,主持人撒贝宁开场就说道:"中国第一部创业传奇轻喜剧《中国合伙人》引爆荧屏,影片讲述了20世纪80年代三个年轻人在大学里相遇、相识,并一起打拼事业,共同创办英语培训学校,最后功成名就实现梦想的励志故事。"

随后撒贝宁开始介绍故事的原型——新东方创始人俞敏洪,撒贝宁说:"他是社会上从开始就不被人看好、被人瞧不起的一类人的典型代表,他经历了非常多的磨难,才取得现在的成功。从他的身上可以看到很多成功人士所具备的特质——有一种信仰、有一种敢于牺牲的精神。请新东方学校创始人——俞敏洪,讲述他的奋斗史。"

俞敏洪一脸笑容地走上台来向观众们打招呼,站在观众面前讲起了自己的奋斗历程。

我们在说话的时候也可以主动要求对方讲出自己的成就和奋斗的历史，有利于拉近我们的距离。每个有成就的人都会很喜欢别人看重他的成就，因为他们艰难独特的奋斗历程就像是一枚勋章，是他们的骄傲。

我们可以引导对方来说奋斗史，比如："您说说当年是怎么熬过来的？""当时失败了几次，您心里一定很沮丧吧。"通过一步步引导来达到满足对方的目的，使其对我们好感大增。

尤其是长辈对晚辈总是喜欢说："我当年……"晚辈若是不愿意听，那长辈必然是火气翻倍，大声训斥，但是我们为了老人开心也可以在每次回家的时候说："您给我讲讲您年轻时候的故事吧。"这或许是诸多老人最幸福的时刻。

这不是一个奉承或者迎合的行为，是一种说话的技巧，是找到双方话题的快捷方式，在如今的人际交往中越聊越开心是非常重要的，若是跟你聊天一点乐趣都没有，你的人际关系也一定不会好。

10. 谈话时不可表现出不耐烦

与人交谈，表现出不耐烦是交际场上最忌讳的。

——佚名

如果我们在讲话的时候，突然对方表现得非常不耐烦，左顾右看，看手表，或者直接打断我们的话，那我们心里会是什么感受呢？肯定是非常不好受，不仅觉得对方没有起码的礼貌，不尊重人，更是打定主意以后再也不要和这样的人交谈了。

一列奔驰的火车上，一个学生打扮的年轻人坐在那里玩着手机，在他旁边坐着一个中年男子。可能是那个中年男子觉得太过无聊，他用手臂碰了碰那个年轻人说道："你还是个学生吧？在哪里读书啊？"那学生头也不抬地说："在省城。"中年男子的眼睛里放出了一点光芒说："哦，在省城啊。我儿子也在省城读大学呢，今年才大二。"那学生又是头也没抬地哦了一声。

这个中年男子感觉很尴尬，想找一个新的话题，但是又找不到，嘴唇动了动就没有说话。在他们对面坐着一个年轻女孩，女孩看到眼前这一幕，就主动说道："您说的那所大学我也有所耳闻，名声很好的。"

中年男子心情好很多，女孩又说道："虽然我不认识您儿子，但在那所大学里上学，学生素质都很高。"

中年男子更高兴了，他跟女孩聊了一路，而那个不耐烦的年轻人则被冷落了，一路上只玩手机。中年男子下车前还对女孩说："谢谢你跟我聊天，现在懂礼貌的年轻人不多了，你一定会有好运气的。"说完，还看了玩手机的年轻人一眼。

别人说的内容并不都能够引起我们倾听的兴趣，可能对方会滔滔不绝地对一个你根本不感兴趣的话题说上半小时，或者对自己的一些小小功绩自吹自擂，喋喋不休，甚至有的时候还会说一些让你觉得不高兴的事情。不论是谁，在别人面前说话，都会希望别人能够给予赞同的观点，以此获得心理的满足。

这个时候，我们一定不要做出看手表，东张西望，走神，插话等这些让人觉得你极其不耐烦的行为。用认真、诚恳的态度对待别人的谈话是一种修养，更是一种包容。假如我们表现出不耐烦的表情，就是对他人的一种否定，同时也会给对方造成伤害。

每个人都有自尊心，每个人都想自己的话被人重视，被人认真聆听，所以与人交谈，要想成为一个受欢迎的人，就算你对他们的话题不感兴趣，也千万不要表现出不耐烦。

11. 失意人前不谈得意事

你所谈论的得意事，对失意的人是一种伤害。

——佚名

有些人在高兴之余免不了希望向朋友炫耀一番。但是，一定要分对象、分场合。切忌在失意人面前炫耀你的成就，你的张扬无疑是给他火上浇油。

有一天，刘琦约了几个朋友来家里吃饭，这些人都是他以前的旧友。他把他们聚集在一起主要是想借着热闹的气氛，让一位目前正陷于情绪低潮的朋友李强心情好一点。

李强不久前因经营不善，不得已将公司关闭，妻子也因为不堪现在的生活压力，正与他谈离婚的事。内忧外患交加，他现在非常苦恼。

朋友们都知道李强最近很糟糕，所以大家也都不谈金钱、事业、婚姻这些话题，只聊些男人们喜欢的话题，比如足球、政治，还有明星八卦。可是，几杯酒下肚，有一位朋友开始忍不住了，说自己最近赚了很多钱，且怎么不费吹灰之力赚到，又是如何几天就消费掉的。他还得意地一笑："没事，我花得再多也没事，伸伸手就赚回来了。"

李强的脸色极为难看，低着头一句话也不说。李强觉得他是在嘲讽自己，实在忍不了，找个上厕所的借口，就打算提前离开。刘琦送他到门口，李强愤愤不平地说："他有钱有什么了不起！为什么要当着我说？"

刘琦感到十分愧疚，在李强的人生低潮期还要经受这样的炫耀，实在是过意不去。

有些人总喜欢夸耀自己，往往认为自己的学识高人一筹。每遇亲朋好友，就迫不及待地大肆吹嘘自己的心得、经验，却不知这样常令一旁心情不好的朋友不知所措。

当然,"人生得意须尽欢",如果你正得意,要你不谈论不太容易,谁不想让别人看见自己的意气风发?但是谈论你的得意时要看场合和对象,你可以在演说的公开场合谈,对你的员工谈,享受他们投给你钦佩的目光;也可以在家里和你的爱人谈,得到他(她)的继续肯定和支持。但是千万不要对失意的人谈,因为失意的人最脆弱,也最多心,你的谈论在他听来都充满了讽刺与嘲弄的味道,让失意的人感到你"看不起"他。

虽然,失意的人总是沉默不语、郁郁寡欢,但别以为他们就不会发怒生气。听你谈论了你的得意后,他们普遍会有一种怀恨的心理。失意者对你的怀恨不会立即显现出来,因为他无力显现,但他会在日后通过各种方式来泄恨,例如说你坏话、扯你后腿、故意与你为敌,主要目的则是"看你得意到几时"。而最明显的表现则是疏远你,避免和你碰面,以免再见到你,于是你不知不觉就失去了一个朋友。

所以,无论是从人际方面考虑,还是从是否在事业上树敌的立场出发,我们都应该尽量避免得罪人。这就要求当我们有了得意事,不管是升了官、发了财,或是一切顺利,切忌在正失意的人面前谈论。

12. 了解别人的忌讳,然后机智地避开

> 龙有逆鳞,人有禁忌。
>
> ——中国谚语

《韩非子·说难》中说道:龙的性情非常温顺,人们可以和它亲近。然而,它的喉下有一块长约尺许的逆鳞,如果有人触摸了它,那么龙必然会发怒,以致伤人致死。其实,每一个人都像龙一样有自己的忌讳,如果不小心触碰了,那可就麻烦了。

李锋身材瘦小，曾经还因为这个原因而错失进入省体育队的机会，所以他很反感朋友提及这些，因为对他而言，身材是自己的缺点和劣势，是自己的旧伤。李锋有一个朋友叫万泉，身材魁梧、强壮，经常为此感到自豪，特别是与李锋走在一起时，更是感觉很有优越感。

在一次好友聚会上，万泉跟大家闲聊时扯到了身高方面的话题，伴着酒兴，他越说越兴奋，越说越直白。他说自己的身高是很多女孩子追求他的一大理由，还举例说一个追求他的女孩表示："男人太矮小显得先天不足，没有气质，很难激发女性的兴趣。"

在场的好友听到这里，都很自觉地停止哄笑，还咳嗽示意万泉打住，但是万泉根本没有领会其意，还继续聊着，最后还把李锋的矮小身材当起玩笑话题。李锋更是脸色苍白，顿时无语，对万泉怒目而视。尽管李锋最终还是控制了自己的情绪，但，还是对万泉感到很反感。

之后，李锋每次见到万泉都没有和他交谈的欲望，更不会回应万泉的求助。

在人际关系的发展上，万不可口无遮拦。一旦触碰了别人的逆鳞，就会使对方伤心、难堪，甚至愤怒。生活中，有的人自以为口齿伶俐，在交际场上口若悬河、滔滔不绝，这固然是很多人所向往的。但是，若因言行不慎而让别人下不了台或把事情搞糟，就是不礼貌的，也是不明智的。

会说话的人在与人相处中，会时刻注意甄选谈话的内容，尤其是与初次见面或不是十分熟识的朋友寒暄时，会尽量避免谈及一些让人尴尬或者敏感的话题，以免触碰到别人的"逆鳞"，为自己带来麻烦。

在社交中，最好能避免谈论政治、宗教等话题，因为每个人的信仰不同、立场也不同。有些人虽然基于礼貌并不会当场与你争论，但在心中一定十分不舒服，可能你无意中得罪了人而不自知，这自然也失去了社交的意义了。

避免询问他人穿着、饰物等的价格，尤其对于女人，此等话题一出，众人都会感到坐立难安。可以对他人的打扮加以赞美，但应适可而止不可太夸张，免得对方以为你在暗讽他。

13. 别人正高兴时，最好不要宣布坏消息

> 当别人高兴的时候，你向其提出有关他的坏消息，那么他会比平静的时候听见这个坏消息表现得更伤心。
>
> ——佚名

每个人都喜欢听到好消息，所以如果你有什么好消息的话，无论在什么场合宣布，都容易被人接受。可是有些时候，我们不可避免地要把一些坏消息告诉别人，这个时候，就要注意一下场合和当事人的情绪，如果当事人正为某些事而开怀，我们最好不要扫了他的兴致。

赵然这天刚发了工资，并且经理刚刚给她打了电话，说交通补贴与生活补助报销了，让她下午去领。白局长还告诉她，晚上请大家一起吃饭，正好，她的晚饭还没着落，这样一来可把她高兴坏了。赵然从工资卡里转了一千五百元给家里，剩下的钱加上补贴应该也够这个月的生活费。她一边想着这份工作给她带来的快乐，一边还哼着小曲。

可是一起吃饭的时候，一位同事却告诉她，她喜欢的那个同事其实早就有了女朋友，好像还打算过了年就结婚呢。这让赵然突然感觉整个人都崩溃了，她责怪同事，为什么不晚一点告诉她，弄得她吃饭也没有胃口了。本来说好要一起去K歌的，现在，赵然哪还有心思啊！一个人灰溜溜地躲到屋里，独自伤心难过。

有的时候，因为某些原因有的坏消息我们不得不说。即使这样，我们也要注意一下表达方式。

比如，用一个稍微婉转的方式，先释放出一个积极的信号，用假设的好消息来描述事实，即使没有假设的好消息，也不要太过强调当前不利的局面，应把否定消极的东西转变成积极肯定的。

例如环保局在宣布某地污染情况的时候说：虽然这个地区有很多污染，但局势不像以前那样坏，和其他地区比较要好多了。研究发现这一地区90%都没有受到污染，原本是要宣布10%的污染，采用这样隐晦的方式弱化了污染情况，对当地人来说，坏消息变成了好消息。

除此之外，我们还可以用另外一种方式表达，这种方法的思想就是把坏消息夹在两个好消息中间。例如："我告诉你啊，虽然人家女方有男朋友了，但女方的妹妹对你有点意思。"

当然，如果你能预先准备好安慰的话，再把坏消息告诉对方，即使安慰起不了太多的作用，当事人也会对你的用心良苦而心存感激。

14.把"我"字换成"我们"

> 一个满嘴"我"的人，一个独占"我"字，随时随地说"我"的人，是一个不受欢迎的人。
>
> ——亨利·福特

一篇名为《良好人际关系的一剂药方》的文章曾经刊登于《福布斯》杂志上，文章中这样写道：语言中最重要的5个字是："我以你为荣！"语言中最重要的4个字是："您怎么看？" 语言中最重要的3个字是："麻烦您！" 语言中最重要的2个字是："谢谢！"语言中最重要的1个字是："你！"语言中最次要的一个字是："我。"因此，会说话的人，在人际交往中，总会避开"我"字，而用"我们"开头。

十月革命刚刚胜利的时候，许多农民怀着对沙皇的刻骨仇恨，纷纷提着火把来到克里姆林宫前，要把这座沙皇住过的宫殿付之一炬。

很多人来劝阻、警告，都不管用，非烧宫殿不可。最后，列宁出面了，他站在农民面前，提出了几个问题，他说："我问大家，沙皇住的克里姆林宫是谁造的？"

农民说道："是我们造的！"

列宁又说："既然如此，我们自己造的房子，赶跑沙皇，就让我们自己的代表住好不好？"

农民们一想，确实是这么回事，宏伟的宫殿烧掉太可惜了，纷纷点头。

列宁最后问道："那么这房子我们还要不要烧呢？"

农民们熄掉火把，都同意不烧了。

我们常常会看到有人去公司面试时会说"咱们公司怎样……""咱们都有……"记者在采访中也会用到"咱们这次改革……"或者"我们村……"还有一些教师上课时也会说"我们来看下一题"或者"我们今天上这一课……"等句式来表达。这样说话能拉近与对方之间的距离，让人觉得和缓亲切，令对方心中产生一种参与意识，使气氛立刻活跃起来。

在人际交往中，"我"字讲得太多并过分强调，会给人突出自我、标榜自我的印象，这会在对方与你之间筑起一道防线，形成障碍，影响别人对你的认同。

所以在与人谈话时，学会把"我"改成"我们"，会赢得他人对你的好感，更容易获得别人的友谊，增加你的成功率。

15.闭上自我炫耀的嘴巴

没有人喜欢跟比自己太优秀的人站在一起，更不喜欢同一个到处炫耀而越发显得平庸之人交朋友。

——佚名

不少人喜欢在别人面前炫耀自身的优势，意图表现自身的不平凡。有些人是出于自卑，想以此弥补或遮盖某方面的不足，也有些人纯粹是炫耀，让别人以自己为中心。但不论哪种，自我炫耀只会遭到别人的讨厌。

一个女人总是在同事面前炫耀她有个很帅、如同绅士一般的男友。办公室话题里，只要提到爱情婚姻方面，她就一定要插言，又要讲男友多么优秀，多么照顾她。同事们渐渐听烦了，后来她每一次插言炫耀男友，同事们就立刻停止话题，开始做事去了。

等到有一天，她突然说要结婚了，要大家去参加婚礼。同事们都很好奇，这个男友到底有多优秀，于是都去了。结果发现那个男友其貌不扬，个头平平，这就是她口中说的大帅哥？

同事们都哈哈大笑，她终于明白自己的炫耀引起了反感，从此再也不炫耀了，甚至也都不大跟同事们说话了。

生活中有些人总喜欢炫耀自己当下或曾经的辉煌，哪怕真有其事，确有炫耀的资本，但总把一些别人望尘莫及的事情挂在嘴边，听在旁人耳里，除了刺耳以外，更多的是反效果，使其羡慕转变成嫉妒，甚至是怨恨。

炫耀是令人厌烦的，好比，某人有辆劳斯莱斯，便日日对人说起他的爱车出如何保养，不小心碰了一下心疼万分……貌似唯恐天下人不知他有一辆豪车。然而这种行为实在肤浅，俗不可耐，除了让别人相信他确实有这么一辆车外，只会觉得他是个暴发户、土财主。

炫耀下不会招来真挚的友情与关怀，所以我们要杜绝华而不实的炫耀，以免玩火自焚。更不应该为了一时的虚荣，而欺骗他人。不实的炫耀，才真正有损人格与名誉，严重了，甚至会毁掉更多。

倘若想让别人喜欢与你说话，喜欢听你说话，就请闭上自我炫耀的嘴巴。事实上，说起炫耀，再平凡的人，也有骄傲的事情可以谈论，也许你嘴里的骄傲在别人看来不过小菜一碟，结果势必遭人耻笑，得不偿失。

16. 拒绝得越委婉，被拒绝的人越有面子

> 不要害怕拒绝他人，如果自己的理由出于正当。当一个人开口提出要求的时候，他的心里根本预备好了两种答案。所以，给他任何一个其中的答案，都是意料中的。
>
> ——三毛

不管何时何地，拒绝别人的要求总是一件难以说出口的事情。当我们面对眼前一张真诚或者威严的脸，我们不好意思或者不敢张口说"不"。因为拒绝就是不给对方面子，会伤害对方的感情，造成两个人的关系疏远，甚至会引得对方以牙还牙的反击。

石晓卓正为这次的青年设计师大赛忙得焦头烂额呢，办公室的门被人敲响了。

"请进。"石晓卓说。

原来是设计部门的小苗，石晓卓问："有事儿吗，小苗？"

"石总，是这样的，这周末我知道加班，不过我对象来了，我们打算去避暑山庄玩，所以我想请个假。"

小苗这人也真是的，设计部的方案最近正是忙的时候，咋关键时刻掉链子呢，石晓卓心里嘀咕，不过石晓卓嘴上却这么说："小苗，和对象一起去玩的想法很不错。打算什么时候结婚呀？"

小苗说："现在还没条件呢，过几年，过几年。"

"这就对了，年轻人，现在要打拼事业，这样才能给女孩一个美好的未来。不过，这几天公司要参加青年设计师大赛，公司还指望你拿名次呢，要知道这次奖金丰厚啊。和女友去玩儿，来日方长啊。"

听了老总的话，小苗考虑了几秒，坚定地说："石总，好的，我这次就不去了。"然后高高兴兴地走出了办公室。

像石总一样，我们拒绝别人时，不能直截了当地说"不"，直接说"不"的话，任谁听了心里也不会好受。所以，我们在拒绝别人时应该学会不使他们的面子受损，学会委婉地拒绝。我们拒绝得让对方保全面子，那么对方就会对于我们的拒绝保持理解。

拒绝别人并不难，不过委婉地拒绝别人，就需要我们的聪明才智了。当我们拒绝对方的请求时，千万不要绷着一张脸，而应该带着友善的微笑来委婉地说出来，这样不仅不会伤害别人的面子，反而让对方乐于接受，更会为自己博得一个具有人情味儿的美称。

一个沟通高手，在拒绝对方时往往会这么说："是的，我能理解为什么事情会那样，但是……""你的要求并不过分，问题在于……""你没错，假如我站在你的位置上，我也会这样说，但……"因此，一个会说话的人，在表达拒绝时，会选择一种委婉的方式，说话适当得体，尽量不伤及对方的面子。

第二天

口才训练仅需10天

逻辑思维下的语言能巧妙化解尴尬和敌意

1.说话不能直肠子,转个弯儿效果更佳

"心直口快"在社交场合中并不适用。

——佚名

经常有人视"心直口快"为美德,他们认为,"心直口快"是坦诚的表现,殊不知"心直口快"有时候只会把事情弄得更糟。怀着一颗坦诚的心对待别人并没有错,但是如果口无遮拦,想起什么就说什么的话,可能会引起别人的误解,甚至有时还会引起纷争呢。

现代著名诗人柳亚子的诗文很受人们的欣赏,虽然他的书法流畅奔放,但却很潦草,甚至让人看不懂。有一次柳亚子邀画家辛壶来观诗文并让他给出评价。

这可难为辛壶了,他看着纸上那弯弯曲曲、奇形怪状的狂草,他实在看不懂,又怎么点评诗文。辛壶于是笑着说:"先生真是才思敏捷,意到笔不到呀。"

辛壶用幽默含蓄的方式点出了柳亚子先生的不足,又不损他的尊严,惹得柳亚子也是哈哈大笑。

其实很多事情的解决可以绕道而行。比如我们说话的时候,如果懂得兜圈子,换个角度来说的话,别人反而比较乐意接受。这样往往可以起到"化干戈为玉帛"的作用,还能增进友谊和团结。

真正有"心计"的人,说话除了追求坦诚,更注重委婉。同样的内容,掌握了语言的艺术,就能达到曲径通幽的效果,让对方更易接受。

朱元璋得了天下称帝之后，打算册封百官，但是当他看完花名册时，心里又犯起了琢磨。因为待封的功臣数量有限，待封的亲朋却不少。

大部分亲戚都是无功受禄，如果赏赐他们，那些在战场上厮杀的将领就不会服气；可是不赏赐，又让自己的面子过不去。

刘伯温不愧是"明初三杰"之一，他看到朱元璋皱眉就想到此节，他也不敢直言相劝，一来怕得罪那些皇亲国戚，二来怕朱元璋怀疑自己排挤他的亲朋，落了罪名可就不好了。刘伯温思前想后，想到了一个绝妙的办法：他画了一幅人头像，人头上长着几十束乱发，每束发上都顶着一顶乌纱帽，刘伯温把这幅画献给了朱元璋。

朱元璋接过画，看了半天，哈哈大笑道："军师真是画中有话。真可谓人不可无师，无师则愚；国不可无贤，无贤则衰！"

原来，刘伯温那幅画的意思是："官(冠)多法(发)乱！"刘伯温此举，不但没有伤害到朱元璋的面子，没有触犯龙颜，还道出了谏言。正是画中有话，柔中带刚，成就了一段拐着弯儿说话的经典。

用暗示、含蓄、隐晦的方法向对方发出某种寓含着自己真实想法、态度的信息，来影响对方的心理，使对方明白自己的心意，这样说话更能达到目的。

尤其在职场，我们更要多留个心眼，对上司的意图善加分辨，弄清楚对方是不是真的想听你的意见，还是只是礼貌性地跟你客套。最好的情况是在说话时巧妙地拐个弯，千万不要"直言不讳"。因为每个人都需要自尊和面子。直来直去实际上就是"不给面子"，使对方心中不快，以至造成双方关系破裂，最后甚至可能反目成仇。事后想一想，就因为这么点小事而失去上司的赏识，实在会让人后悔不迭！

说话爱直来直去的人做人太简单。直语易伤人，何不绕个弯说呢？同样的表达，同样的目的，绕一个弯儿就能圆满，就能让对方听得很舒服，何必弄得目的达不到还得罪了对方呢？

我们通过各种事例不难看出，事实上，喜欢直话直说的人往往不受大家欢迎。有些话别人不爱听，但出于责任或者义务，你又非说不可，这时候，让舌头饶个弯再把话说出来，就是最佳的方法了。

2.会说话的人能让批评也悦耳动听

忠言不一定逆耳。

——佚名

人们常说"忠言逆耳"，生活中常见这样的情景，本来你是好意给对方提出忠告，对方却往往很不高兴。当然，仅有为别人着想的良好愿望还是远远不够的，技巧也是必不可少的。

比如，一位母亲这么忠告自己的儿子："我说小勇呀，你看隔壁家的强强多有礼貌，多乖啊！你和他同年生，还比他大两个月哩。你要好好向他学习，做个好孩子哟！"

小勇可能会说："哼，嘴里整天是强强这也好那也好，干脆让他做你的亲生儿子算了！"

小勇的自尊心受到伤害，母亲的忠告效果是适得其反的。

但是，如果母亲能这么说："我们小勇呀，真是个好孩子，各方面都做得很好，要是在某方面再努力一点就更好了。"那么，儿子除了要改正母亲所提出的不足，有可能在此基础上还会更加努力。

在对别人提出批评的时候千万不要全盘否定。如果能先肯定他某方面的成绩，这会让听者感觉特别舒服，对你接下来说的批评的话，他也就比较容易接受。

然而，不同的人由于经历、文化程度、性格特征、年龄等的不同，接受批评的承受力和方式有很大的区别，这就要求批评者根据不同批评对象的不同特点，采取不同的批评方式。

张女士是一家工程公司的安全协调员,每天都需要在工地上巡逻,提醒那些忘记戴安全帽的工人们。她非常负责任,每次看到没戴安全帽的工人,她都会严厉地指责对方,有时候工人们对她的脾气很不满意,张女士振振有词:"我这是为你好!工地上不戴安全帽多危险!你们要为家人负责。"

工人们表面虽然接受了她的训导,但却满肚子不愉快,常常在她离开后就又将安全帽摘了下来。公司的一位经理,看到了这种情况,就偷偷建议张女士,不如换个方式去让他们接受安全准则。

张女士想了想,觉得有道理。当她再次发现有人不戴安全帽时,就问他们是不是帽子戴起来不舒服,或有什么不合适的地方。张女士还会用愉快的声调给工人讲解戴安全帽的好处,又讲了很多跟家人有关的话题。这样,效果一下子好很多,工人们开始自觉戴安全帽,都不用张女士提醒了。

想要批评一个人而又不伤感情,甚至让对方感激和更喜欢你,最有效的方法,除了用鼓励代替批评,还有一个行之有效的办法就是,用赞美的方式间接暗示对方,提醒其注意自己犯的错误。这比直接的教训和谩骂要高明许多倍。

当然,在批评的时候,除了态度一定要谦和诚恳,用语不能激烈,也不必过于委婉,否则对方就会觉得你教训他、你假惺惺而产生反感情绪。并且,提出批评的场合也很重要。原则上讲,提出批评时,最好以一对一,避开耳目,千万不要当着其他人的面向对方提出批评。因为这样做,对方就会受自尊心驱使而产生抵触情绪。

另外,批评还要选择适当的时机。例如,当部下尽了最大努力而事情最终没有办法时,此时最好不要向他们提出批评。如果你这时不适时宜地说"如果不那样就不至于这么糟了"之类的话,即使你指出了问题的要害且很在理,而部下心里却会顿生"你当初干吗去了,真是马后炮"的反感情绪,不但不会改正办事的不足,寻找失败的原因,反而会适得其反。

批评之所以会被人拒绝,大多出于两个原因:一是批评者不了解当事人的处境和他造成错误的原因,让当事者感到被批评的委屈;二是批评者采用了权威性方式,暗示当事人的行为笨拙或愚昧,从而引起当事者的反感。如果你懂得如何巧妙地利用被批评者的心理，让批评也变得悦耳动听，深入人心。

3.拒绝的话，需要隐晦曲折的表达

把你的意图委婉地表达出来，比直接拒绝要好很多。

——佚名

在社会交往中，有些直截了当的拒绝的话，很难说出口，并且也容易得罪人。然而，有时候又不得不拒绝对方，这就要求人们需要掌握一种技巧，把你的意图委婉地表达出来。比如，当对方提出你无法办到的请求时，你可以说："让我再考虑一下，明天答复你。"这样，既给你赢得了考虑如何答复的时间，又会让对方认为你是很认真对待这个请求的。

工厂里一个职工找到车间主任，提出想要调换工种。车间主任知道不能随意调换工种，他不可能答应对方，但是他没有立刻回答"不可能"。车间主任先让职工坐下来喝杯茶，然后慢慢地说："这个问题涉及好几个人，我个人决定不了。我把你的要求汇报上去，让厂部讨论一下，过几天答复你，好吗？"

职工本来也是抱着试试看的态度，听车间主任的话就明白了，不过心里也没不好受，他感谢后就离开了。

直来直去的拒绝会让对方觉得你根本没有考虑到他的面子，进而会认为你根本不看重他，从而对你不满，你很可能因此而多了一个敌人。所以，先不要忙着拒绝，也不要忙着答应，让时间来冲淡一切。

有时，对一些明显不合情理或不妥的做法必须予以回绝。但为了避免引起冲突，或破坏双方的交情，可采用隐晦曲折的语言向对方暗示，以达到拒绝的目的。比如下面一个例子：

甲："我们的意思是让下一次谈判会议能在北京召开，不知贵公司以为如何？"

乙："我不太习惯北京的饭菜，特别是我上次去时住的那个旅馆更糟糕。"

甲："那么您觉得我今天用来招待您的北京小吃味道如何？"

乙："还可以，不过我更喜欢吃南方的小吃。"

乙方用"不习惯北京的饭菜""还可以""喜欢吃南方小吃"，委婉含蓄地拒绝了在北京举行谈判的建议，暗示了希望在南方举行谈判的想法。明确直言的拒绝，有时自己感到过意不去，也令对方感到尴尬。这就需要采用一些巧妙委婉的拒绝方式，既表达了自己的愿望，又将对方失望与不快的情绪控制在最小范围内，不影响彼此之间的人际关系。

小张夫妻攒钱开了一间小超市，经过两个人的共同努力，超市的生意红红火火。可是小张有一个舅舅整天游手好闲，不工作还喜欢赌博。

那一天小张舅舅手气不好，把本钱都输光了，还想赢回来。小张舅舅看到小张的超市生意兴隆，就走进去，对小张说："舅舅我最近想买一辆摩托车，手头缺五千块钱，先从你这拿点，改天就还给你。"

小张知道舅舅这是又赌博了，钱借给他就是肉包子打狗——有去无回。小张不好意思直言拒绝，就说道："行，舅舅您先缓两天，摩托车过几天再买也一样，我先把银行的贷款还上，然后就把钱借给你。银行的钱可拖不起。"

小张舅舅听外甥这么说，没有办法，自个知趣地走了。

直言的拒绝，有时自己感到过意不去，也令对方感到尴尬。如果能采用

第二天 逻辑思维下的语言能巧妙化解尴尬和敌意

一些比较委婉的方式拒绝,既表达了自己的真实想法,又将对方失望与不快的情绪控制在最小范围内,不影响彼此之间的人际关系。

当然,把你的意图隐晦表达出来的方法还有许多。

老陈在一家工厂的值班室工作,每天的工作就是责在厂子周围巡巡逻。这一天傍晚,老陈在值班室里正休息着,门外来了自己的老乡。

老乡坐下之后详谈才知道,是老乡进城买货,路过老陈的厂子就过来看看。老乡不断跟老陈说着家里的事小情,老陈虽然见到老乡也很高兴,但是老乡这么没完没了的说,被领导看见了,肯定会被批评。

但是老乡在这个时候却不紧不慢,嘴里说着:"今天晚上我就不走了,一会儿啊,去我儿子家。"老陈心想,这下得待多久,得赶紧让他走。

老陈就开始站起来在地上走来走去,老乡问是什么意思,老陈便说是坐久了,站起来活动活动。老陈活动之余还时不时地打两个哈欠,但是老乡还没有走的意思,老陈就指着外面的路说:"你认识去你儿子家的路吗?"

老乡说:"认识啊。"老陈说:"等下天黑路滑你恐怕就得打车去了。"老乡一下子站了起来,嘴里念叨着:"打车太贵了,不行了,我走了,改天聊。"

有时候为了避免直言相告,还可巧妙地寻找借口来为自己解围。

舞会上别人邀你,你内心实在不想跟他跳,可说:"我累了,想休息一下。"既达到谢绝目的,又不伤别人的自尊心。

4.说话莫要揭人短

打人不打脸,说话不揭短。

——中国谚语

自己的短处被别人公开来说，对于任何人，都不是一件愉快的事。人们之所以有忌讳，怕别人揭自己的短，说到底是自尊心问题，怕脸面上过不去。所以，你若想获得朋友，就一定不要触动他们的短处。这样，才是精明人的待人之道。

朱元璋做了皇帝，有一天他的一个乡下玩伴来京城见他。那个人到了大殿之上，就跪下高喊："皇上万岁！当年微臣随驾扫荡芦州府，打破罐州城，拿住豆将军，为上立下赫赫战功！"

朱元璋听了很高兴，明白了老乡的意思，就赏赐了他很多财宝。另一个同乡玩伴得知消息，也来到京城，到了大殿跪下请安："皇上，您还记得从前的时光吗？那时候咱俩给人家放牛，我们在芦苇荡把偷来的豆子放在瓦罐里煮，不小心把瓦罐打破了，豆子洒了一地，是你捡了很久才把豆子收集回来，那一顿饭吃得别提有多香了……"

他还没说完，朱元璋觉得丢人至极，就大喊："推出去斩了！推出去斩了！"

故意揭短是攻击、敌视对方的武器，无意揭短是因为某种原因一不小心触犯了对方的忌讳。有心也好，无意也罢，在待人处世中揭人之短都会让对方觉得不好受，轻则影响双方的感情，重则导致友情的毁灭。所以，还是俗话说得好，"打人不打脸，揭人不揭短"，要想与朋友和谐相处，就要尽量体谅他人，维护他人自尊，避开言语"雷区"，千万不要戳人"痛处"。

在第一天第15节中提到过：《韩非子·说难》篇中曾对龙做了如下描述：龙的性情非常温顺，人们可以和它亲近，甚至可以把它作为自己的坐骑。然而，它的喉下有一块长约尺许的逆鳞，如果有人触摸了它，那么它必然会发怒，以致伤人致死。

人们对于自己的短处，就像龙的逆鳞，通常极为敏感。由于心理作怪，往往把别人的无意当成有意，把无关的事主动与自己相联系。有时，你随口谈一点什么事，也很可能被视为对他的挖苦和讽刺，正所谓"说者无意，听者有心"。因此，我们不仅应避免谈论别人的忌讳，同时也应注意不要提及与其忌讳之点相关联的事物，以免造成对方的误会，以至使他的自尊心受到无谓的伤害。与朋友相处，我们应该尽量做到知己知彼，了解对方的长处和短处，以及对方的忌讳之处。如果你一时不知对方的忌讳是什么，说话就要谨慎。例如，在与朋友接触时，要多夸他的长处，好汉愿提当年勇。但不要拿对方不光彩的事做文章，因为那等于在朋友的伤口上撒盐，是让人难以忍受的。

许多人常常一激动或生气，就轻易揭对方老底儿，于是矛盾就由此激化。就像夫妻吵架那样，往往是因为互揭对方的疮疤，才导致一发不可收拾。例如妻子口无遮拦地脱口说出："你过去做了……"此话一出口，丈夫就更为恼怒了。

朋友在一起聊天，说着说着就开起了玩笑，很多人喜欢拿朋友的短处来开玩笑，自认为那样很能调动聊天气氛，其实那样很容易伤害朋友的感情，即使朋友当面不提，但内心肯定会不好受。

揭朋友伤疤，会让朋友勾起一段不愉快的回忆，继而让朋友感到寒心，寒心的不光是因为旧痛，更因为对方过于纠缠自己的曾经，就可能会有这样的心理："都已经过去的事情了，现在还抓住不放，真是太过分了。"

要杜绝自己揭人疮疤的行为，除了知晓利害关系，提高自控能力外，还须完善自己的人格修养。当你在多管齐下的努力后，相信你会多考虑朋友的内心感受，从而杜绝揭穿朋友的老底儿，让友谊之路更加顺畅。

5.传达坏消息，话要"曲"着说

通知他人坏消息是一件严肃的事情，一定要认真去做，要根据不同对象的情况，尽量让不幸的消息给对方造成最小的伤害。

——佚名

人生无常，在人们不经意的时候，常常有天灾、人祸，甚至是噩耗无情地降临到头上。这种不幸带给亲人们的打击如晴天霹雳、地陷天倾一般，令人惊惧、痛苦，难以承受。特别是对于年迈的老人，身患疾病的亲人，在这突如其来的致命打击面前，很可能生出意外，出现"祸不单行"的情形。正因为如此，我们在把不幸消息通知当事人时，就应格外讲究方式方法，尽可能地减轻或缓解对他们的刺激，避免发生不必要的麻烦。

有一位年近70的老妇人，她有四个儿子。小儿子是一名消防队员，一直在外地工作、生活，并且娶妻生子，他每年回来看望母亲一次。有一年，在次救火中牺牲了，大家考虑到母亲年迈就没把这个消息告诉老妇人。她的儿媳在传达这个不幸的消息时说："他扔下我们母女两人出国了。"村里的人虽然知道，但都把这个消息封锁起来，没有一个人向她透露。每年过年的时候，她都会问其余的几个儿子："他什么时候回来啊？"几个儿子把自己捏造的信读给老妇人听，老妇人一次次的都相信了。许多年过去了，老妇人渐渐地也不再关注小儿子了，她已经渐渐地明白，儿子是不在了，要不为什么能出国，却不能回来看望自己的母亲。可是她已经适应了没有这个儿子的生活。有一次，一个村民故意试探着问她："你的小儿子现在做什么工作啊？"老妇人很镇定地说："不在了。"

对于神经十分脆弱，经不起刺激的人，传达不幸消息应该采取长时间回避真情的方式。让他们在时间的消磨中，习惯于失去这个亲人的生活，自己渐渐地悟出真相，以减少不幸的发生。

当然，对于那些性格刚强、有地位的人，如果他的亲属遇到不幸，需要通知的时候，就可以直接说明，或用委婉语言说明，一般情况下他们都能顶得住。比如：

战场上，一个师长的儿子被流弹击中，没多久就去世了。率队冲锋的班长极为犹豫,他不知道要不要立刻通知师长。思前想后,最后想到师长是一个强硬的军人,而且师长对于这场战争的残酷性是有思想准备的。

于是,班长拨打电话给师长,说:"师长,就在刚刚我们组织了最迅猛的一次突击,这次战斗打得很艰苦,很多同志牺牲了。你的儿子不愧是将门之后,表现十分英勇,战斗到了最后一刻。"

师长沉默了许久,最后他压抑住情绪,反而鼓励班长:"我为有这样的儿子感到骄傲,希望你们再接再厉,不能让士兵们的鲜血白流,一定要拿下战役!"

这种直言方式适宜于有一定精神准备的情形。比如,对于久病不愈之后的噩耗,对于战场上的牺牲等。但是,更多的情况下不宜采用这种方式。

对于飞来之祸造成的不幸,而他们的亲属又心地狭窄,或神经脆弱,或年迈多病,如果直言相告,就可能出问题。这时,最好使用委婉的方式传达这个不幸的消息。要注意避免使用刺激性很强的词,可以用同义词替代。比如:"他走了""他出远门了""我们没有留住他"等,把不幸消息传递过去,让对方意会,并承受这一不幸的事实。

例如,有一位老工人的儿子在工作中因公去世了,工会的同志把这个消息告诉他时,这样说:"咱们厂发生了一起事故,没有操作失误,而是一场天灾。同志们组织了迅速的救援,目前还有几个人失踪,您的儿子包含在内。我们一定还会继续寻找的。"

老工人也知道工会的同志想要表达什么,沉痛地点点头,说:"我知道了,我会接受这样的结果,这是谁都不想看到的,我会坚强的。"老工人非常坚强而理智地接受了这个事实。

当预估到不幸消息对于当事人可能造成致命打击的时候,就不宜一次性地通知对方。我们可以采取渐次渗透的方法,一次比一次多的把坏消息透露过去,在这样一个过程中使之增强承受力。最后把实情说出时,对方就不会感到突然了。

这种方式对于有病的人来说是必要的。在实施的时候，还可以多请几个人配合着做。比如，请他们信得过的人和关系密切的人在场。这样在通知之后，可以配合做一些思想工作，效果会更好。

6.聪明人选择诙谐的方式表达不满

> 用一种诙谐的方式把你的不满表达出来，这样对方更容易接受。
> ——佚名

多数人有了不满的时候，总是容易抱怨，而抱怨并不能让对方接受，甚至会对你产生反感。那么，不如换个方式，用一种诙谐的方式把你的不满表达出来，这样对方更容易接受。

王丽的丈夫每天都很忙，晚上下班也要忙于应酬，很晚回到家也是上网看电视，然后就睡觉了。王丽觉得丈夫对自己越来越不重视了，也很少关心孩子了。

王丽想了一个办法，这一天晚饭后，丈夫又要去上网。王丽就问道："晚上你打算干什么？"

"看会新闻啊。"

"看完新闻之后呢？"

"就没什么事了。"

"既然这样，在你忙完这些事后，我想跟你说说孩子教育的问题。"

丈夫听到后，明白妻子在点醒自己，于是立刻认错："亲爱的，对不起，最近我对你关心不够，对孩子的关心也不够，我立刻改。"

一些聪明的人，用诙谐的语言表达自己对别人的不满，表面上是玩笑话，实际上却表达了自己的不满，这样的方式无疑更能让对方接受。

聪明人总能把握好讲话的技巧，先是不温不火地套对方的话，等对方把缺陷充分表现出来之后，再以委婉的口气将事实列举出来，使之与缺陷相对照，产生强烈的反差，从而造成既好笑又有责备意味的幽默效果，使对方听后不觉刺耳。

有一位年轻的女教师批阅学生的书写作业，她发现一个女孩的作业本上有水彩笔的痕迹。第二天，女教师就问那个孩子："你是怕作业本不漂亮，给她穿花衣服吗？"

小女孩低下头，支支吾吾地想要解释。女教师改用一种温柔的语调说道："你告诉老师，水彩笔应该画在什么本子上。"

小女孩说："我知道，水彩笔要画在美术本上。"

女教师说道："这就对了，可是那你为什么画在作业本上呢？"

小女孩承认了错误："我是无聊才画的，我不应该这么做。"

女教师当着她的面，细心把本子上的痕迹擦掉，然后让她回座位。小女孩开心地回到座位上，心里想以后再也不乱涂乱画了。

每个人的自尊心都很强，所以我们在批评别人的时候一定要注意不能损害他人的自尊心，哪怕你的动机是好的，你也有充足的理由批评对方。如果想让对方乐意接受你的批评，不如换一种诙谐的方式，让对方自己认识到错误，这样的说话让人听着既舒服、受用，也会达到自己的目的。

批评的方式，有很多种，但是目的只有一个，那就是让对方接受，并改正错误。会说话的人不会义正词严地批评，而会巧妙地换一种诙谐的方式，让对方在玩笑中理解自己的用意，愉快地接受。

7.心无成见才能好沟通

> 世界上最宽阔的是海洋，比海洋更宽阔的是天空，比天空更宽阔的是人的胸怀。
>
> ——雨果

有一个愤世嫉俗的年轻人，去拜访觉慧大师，问："如何才能放下心中的仇恨？"觉慧大师给他一个竹篓："往前走，并且走一步就捡一块石头放进竹篓。"年轻人累得不堪重负，于是觉慧大师说："想走路不累，为什么不抛弃石头呢，与人交往，为什么不抛弃心中怨恨的石头呢？"

莎士比亚说："仇恨的烈焰会烧伤自己。"放不下心中怨恨的石头，人就沉浸在过去的懊悔中，没有喘息的机会。与人交流亦然，我们要是抱着成见去沟通，我们只会越沟通，越觉得交流艰巨，双方的关系也会越来越差，对对方的成见也会越来越深。

试想：我们戴着有色眼镜去看别人，即便与对方沟通了，对方在我们的眼中还是不是原来的样子？除非我们摘掉我们的有色眼镜。

公司新来的经理是石梁一眼就觉得不好相处的人，你看，一副金丝边儿的眼镜儿，一双小眼睛，还有梳得油光锃亮的头发，一看就是那种斤斤计较又死板的人。

那天，石梁因为下周要回家处理一点事情就去向经理请假。去经理办公室前，石梁心说：这四只眼肯定不会同意我的请假的。

"经理，我下周家里有点事。"

"然后呢？"经理说。

石梁想，我都说得这么明白了还问我然后呢，这不是明知故问是什么，真是难以相处。于是石梁说："然后，我想请假，五天。"

"小石啊，现在你知道的，工作任务很重，五天肯定是不行的……"

经理还没说完，石梁就爆发了："为什么不行，我家里有事还不允许请假了啊？"

经理没想到，这个小石的气性这么大，要是三天还是可以考虑的，可现在居然和自己吼起来，真是不可理喻。

正所谓，"私视使目盲，私听使耳聋"。与人交谈，要是我们首先抱有怨恨之心，首先就抱有成见，那么我们怎么能够理智地心平气和地去与对方说话呢？我们怎么能够公平地评价对方呢？在我们成见颇深的心里，无论对方怎么解释，怎么与我们交谈，对方在我们眼中只能是那个我们认为的样子了，如果对方表现得稍微与我们的认识不一样一点，我们也只会认为他们"虚伪"和"欲盖弥彰"。所以，当你因为别人的话而生气的时候，一定要冷静下来，先学着放下自己心中的成见，也许你会有意外的收获。

德国哲学家叔本华说："假如有可能的话，任何人都不应有怨恨的心理。"与人沟通，我们一定要放下心中的怨恨与成见，并以一颗包容的心去交谈，才是与人和谐交流的正途。

谢静在深圳一家广告公司工作，负责广告创意。

那天，她将一个经过一礼拜伏案工作精心策划的文案交给老总，不料老总草草看了一眼，不屑地说："你这个创意太没有新意了，真不知道你一礼拜会写出这样的东西！"

这打击到了谢静的自信心，要知道这是谢静自认为最好的创意了，况且自己花了一个礼拜的努力，却得到了老总这样的评价。

不过，理智告诉谢静，老总其实并没认真看文案，所以并没看到自己的用心，如果现在自己气呼呼地反驳老总太不明智。于是谢静平复了一下心情，说："毛总，请问一下，我们上半年的计划是什么？"

"不要提上半年的计划，谁都知道，我们的计划太糟糕了。"老总有点恼火。

谢静却微笑着说："那么，毛总，您仔细看看我的计划，针对上半年的问题，可是做了很大的改进的。请毛总指点。"

老总听了，知道自己最先的定论，只是想让谢静去修改一下，其实并没有仔细看，于是这时认真看起文案来，发现的确是一篇不错的计划。老总知道谢静对自己的责备并没有懊恼和加以反驳，反而懂得尊重自己，于是非常感动，当即对谢静大加赞赏。

一个人能够忘记怨恨和成见，就具备了一种博大的胸怀，能包容对方的错误和无理。而我们与人和谐地沟通，就需要这种胸怀，不抱成见的沟通也是一种智慧，只有心里坦荡了，包容了，才能赢得对方的好感，也更能让对方被我们折服。

斯宾诺莎说："心不是靠武力征服，而是靠爱和宽容大度征服。"心有成见，不仅会破坏我们良好的人际关系，还会造成我们内心的黑暗和抑郁，心有成见的沟通难以达到沟通的真正目标。

8.避免无谓的争执

天下只有一种方法能得到辩论的最大利益，那就是避免辩论。

——卡耐基

生活中，我们常常遇见一些人，他们说话像个冲锋枪一样喋喋不休永不停息。无论别人说什么，他们总要拿出不同的观点与人们对垒，直到最后说得别人哑口无言他们才罢休。这些"争执狂"们，好斗是他们的天性。"你错了。""你怎么能够犯这么低级的错误！""你真是不可理喻。"这些全都是"争执狂"们首选的话语。在他们看来，自己永远是对的，而对方永远是错的，只有自己的"谆谆教导"才能把对方从歪门邪道拉回正途。

古希腊有一句民谚说："聪明的人，借助经验说话；而更聪明的人，根据经验不说话。"中国也有句老话叫做"雄辩是银，沉默是金"，还有一句老话叫做"万事和为贵"，这些都是同一个道理，与人争执毫无道理，聪明的我们应该学会宽容和沉默。

与人相处，争执毫无必要，也许你成为最终的胜利者，也许别人从那以后不再反驳你，但对方不一定心悦诚服，况且，你们的争执还伤了两人的和气，使自己失去朋友，反而达不到想要让对方心服口服的目的，如此算来，简直是得不偿失。

周末，岑默拉着田甜一起去剧院看了一场话剧。从剧院出来，田甜不禁感叹了一句："这部话剧糟透了，六十块钱打水漂了。"

岑默说："怎么能够算是打水漂呢？至少我们进去吹了会空调啊，大热天的。再说这话剧我觉得蛮好看的。"田甜说："我只是可惜，剧本不错，我看过，就是演得不行。"岑默说："演员都挺好的，我觉得都演得不错，而且演员都很靓啊。"

田甜说："你是去看演员了啊，还是看话剧啊，真是的。他们就是需要改进嘛，很多地方台词都说错了，明显是排练不够多。"

岑默说："你怎么这么挑刺儿啊，明明已经很好了。"

田甜说："你就不能提高一下审美观么？"

最后，岑默和田甜不欢而散，岑默决定以后看话剧，再也不叫田甜了。

争执，哪一方都认为自己是正确的。可是事实是，在争执中，没有真正的赢家，即使你在争吵中占了上风，也得不到什么好处。只是给自己平白添堵罢了，更何况，争执会伤害对方的自尊心，如果我们因为生活中一次原本可以避免的争执，而失去一个朋友，甚至树立了一位敌人，岂不是太不明智？

也许你会说："我的见解真的比较高明。"或者"他们真的错了。"是的，就算你是对的，你的见地高明，那么争执的态度也不得要领。想想，你与人争执的目的是什么？无非是让对方接受你的观点。那么，你认为争执是最好的方式吗？显然不是。你不留余地不留情面地争执，只会让朋友同事客户家人疏远你。

更何况，一般情况下，我们争执的原因都是一些生活中芝麻绿豆大的事情，何必呢？一个喜欢争执的人，是永远也赢不来良好的人际关系的。

杨孜那天生气极了，因为饭后要去一趟超市，所以杨孜让一起吃饭的小玲把一份重要的资料放在自己的办公桌上，没想到等他回来，资料却不翼而飞了。

于是杨孜问小玲："小玲，那份资料呢？"

"我放在你桌上了。"

"怎么没有了啊？"

"那我怎么知道？"小玲说得轻描淡写。

杨孜生气了："小玲，那资料真的很重要，拜托你告诉我放在哪里了，别和我开玩笑啦。"

"真是的，我也没跟你开玩笑啊，我就是放桌上了，现在不见了，你倒向我兴师问罪了，这是哪门子道理，再说这么重要的资料，谁叫你自己不保管好。"

杨孜听了小玲的话，知道自己再说下去只能引得更大的争执，更何况与同事吵翻了，以后低头不见抬头见总不是回事儿，于是深呼一口气，平静下来，说："得，我不追究了，我再找找吧。"

一个聪明的人，知道争论不休绝不是聪明之举，适时的沉默像音乐中的休止符一样重要，在发生争执时，需要忍耐和沉默。谁与我们争执，我们不妨就让他赢，让他占上风。因为争辩不可能解决问题，更不能消除双方误会，赢回对方的信任和好感，只能靠宽容和忍耐，争执只会损害对方的尊严，甚至会多一个敌人。

在这个多元化的时代，也许我们与别人有太多不一样的地方，个性、看法、世界观、价值观、行为方式，导致我们与人发生矛盾的机会也越来越多，但是现在是和谐社会，融洽最重要，一天天吵吵闹闹你图啥？与人交谈交往，最重要的也是融洽和谐，不做一个喜欢固执无趣的人。要知道，一个远离争执避免争执的人，就是一个到处受欢迎的人。

9.用关怀消除对方的抵触

> 当有人打你的右脸时，你应该把左脸也转过来让他打。
> ——《马太福音》

现实工作生活中，我们难免会遇到这样一些对我们有抵触心理而无理取闹的人，他们常常对我们一副爱理不理的样子，或者无端挑剔，甚至对我们大声责备，有时候明明是他们自己错了，他们却推卸责任，怪罪到我们头上。遇到这样不可理喻的人，我们会感叹："遇人不淑啊。真不知道上辈子我们是不是欠他们的。"感叹之余，你会怎样与之相处呢？针锋相对？以牙还牙？

台湾作家林清玄说："在这个世界上，关怀是最有力量的。"不错，如果对方无理取闹，要是我们宽容，以德报怨，用关怀去温柔相待，相信我们的真诚和关怀会感化他们那颗怀有成见的心，那么他们自然与我们拉近了距离，甚至从此把我们引为知己，并从此忠心耿耿地伴随我们左右。

当年飞人乔丹在公牛队，而皮蓬是最被人期待超越乔丹的新秀，所以皮蓬很看不惯乔丹，常常对人们说："我一定会打败乔丹的。"乔丹知道了，并不介意。

一次，乔丹问皮蓬："我和你的三分球谁投得好？"

皮蓬一脸不屑："明知故问，当然是你。"

不过乔丹微笑着说："皮蓬，不对，是你！你的动作规范自然，很有天赋，而我投三分球还有很多弱点。你知道，我习惯右手扣篮，而你左右手都行,这就是你的优势。以后你会打得更好的。"

皮蓬听了,被乔丹无私的关怀和宽容所感动。

从那以后,皮蓬和乔丹成了最好的搭档,他们一起为公牛创造了多个神话。

几乎每一部武侠片中,都有这么一句台词:冤冤相报何时了。接下来的剧情是大彻大悟的这一方,选择忘掉仇恨,不计前嫌,用关怀和真诚去感动仇家,结果往往是皆大欢喜,无论是有杀父之仇还是世代为敌的仇家的青年男女,最终相互爱恋喜结连理。

不错的,我们与人交往,也要有这种觉悟和胸怀,人与人的矛盾,如果越介意越打击,矛盾是会越来越深的,要化解矛盾,只能停止无意义的争斗,停止长期的对峙,用关怀去感化对方,这样还能赢得对方的友情,更能树立自己的威望,让自己博得人们的敬重和钦佩。让一步,是为了争取更大的前进。

本来说好的年假,老总一句话就取消了,这引起了员工们的公愤,郑天择嚷嚷着:"我一定要给大家讨个公道。"今天郑天择决定就要做个出头鸟,去老总办公室讨个说法。

"别拦我,我找刘总!"郑天择气呼呼地对老总秘书说。

"刘总刚正好等您呢,不过现在您稍等一下,客户刚找刘总有点事。麻烦您稍等一下。"秘书客气地把郑天择带到会客室,又堆上一脸笑,"您喝茶么?"

"不喝。"郑天择只想快点见着刘总,质问年假的事情。

"刘总特别交代了,一定要给您上好的龙井。"说着,秘书端着一杯茶给郑天择,说:"您稍等,马上就好,刘总马上出来。"

"你没搞错吧,这么殷勤,我是郑天择,不是你们的客户。"郑天择接过茶,问秘书。

"当然没弄错,您是公司的元老,刘总常说你们老员工最辛苦了,为公司奉献了几十年了。"

正说着，刘总已经从办公室出来了，抓住郑天择的双手重重地握着，说："听说您找我有急事？"

"其实……其实也没什么，就是同事们叫我来看看您……"不知为什么，郑天择憋的那一肚子怨气，一下子全不见了。

心理学研究表明，人人都有被尊重被重视的需要，人人也都有面子，一个人对我们有抵触心理，往往是内心的这几个需求没有得到满足。那么，我们如果用强制手段去压制对方的抵触，只会适得其反，反而让对方心生更多的怨恨。对于这样的人，我们只有对症下药，才能取得良好的效果。既然对方需要被尊重需要被重视，需要面子，那么，我们就给对方尊重、重视、面子，对方就会感激不尽，从此忠心耿耿。

卡耐基说："如果我们想交朋友，就要先为他人做些事。"记住，只有一颗真诚的心，才能感动一个人的心，只有无微不至的关怀，才能化解对方内心的抵触。人非草木，孰能无情？真诚地去关怀他人吧，对方怎能无动于衷？

10.如何应对别人的嫉妒

嫉妒是一种软弱的傲慢。

——培根

与人交谈，难免会遇到一些"敌意"的对象，他们的言语充满了对我们的冷嘲热讽和不屑，他们的眼睛里燃烧着嫉妒的火焰，于是我们与对方的关系也从心理上产生芥蒂，一不小心，我们与他们的关系就打上了死结。

当然，你也许会说："他们嫉妒我，就说明我的优秀，走自己的路，让他们说去吧。"接着你对他们不理睬,OK,你完全可以这样。但是,这可不是一种良好的沟通方式,反而会引起我们人际关系的紧张。所以,最聪明的做法是,用你的智慧去化解对方的嫉妒之心。

何清清长相好、工作好、家庭条件好,是个很有优越感的女孩。因为她张扬的性格,常常引来旁人的嫉妒。不过,何清清可不管别人嫉不嫉妒,依旧我行我素。

那天,何清清在逛商场的时候碰到同学。同学看见何清清手上提着好几样奢侈品的包装袋,就想跟她调侃一下:"清清,就你最会生活,买奢侈品不带皱眉的。我省吃俭用一个月,也买不起一瓶香水。"

何清清不屑一顾地说:"女人就是要花钱,不花钱怎么对得起自己。"

"那是你有钱。"

"那是你舍不得,真不知道你们这种不舍得花钱的人是怎么想的,攒钱干吗啊。"何清清叹了口气。

话不投机半句多,那个同学赶紧找了个理由,说:"我约了人,我先走了。"

被嫉妒的原因五花八门,相貌好、工作好、能力强、男友帅、女友靓、运气好……都可以成为我们被人嫉妒的理由。被人嫉妒的滋味不好受,如果你很享受被人嫉妒的滋味,那只能说,你的心理素质太强了。为什么被嫉妒?为什么嫉妒的是自己?想消除对方的嫉妒,我们就要及时找到自己被嫉妒的原因,对症下药,才能获得好人缘。除了遇到一些天生善妒的人之外,大部分时候,自身的某些缺点才是导致被嫉妒的主要因素。是不是自己太张扬了?是不是自己太霸道了?

如果你被他人嫉妒,不要觉得无所谓,那绝对不是一件好事,轻则被孤立,严重的还会受到攻击。所以,一旦发现对方用嫉妒的口吻与我们说话的时候,赶紧修复彼此的关系吧。

"还是不是个男人,还嫉妒我,不知道后生可畏啊。"窦岩嘴巴虽然这么嘀咕着，不过心里却开始思索着怎么样才能融洽自己与同事余州的关系，毕竟理智告诉自己，职场升迁需要这些老员工的群众基础。

那天，窦岩路过余州的办公桌，听见余州对两个同事说："部门的事情，以后全听这个窦小子的得了，人家可是名牌大学的硕士生。"余州的语气显示出十二分的嫉妒。

这时，窦岩却迎上去，说："余老师，您说笑了，你也知道，现在的大学里，能学些什么呀，与你们在社会上打拼的前辈可是差远啦。"

余州看见窦岩突然出现在面前，知道自己说了对方坏话，脸色十分难看，酸酸地说："我们都落伍啦，哪有你们有活力。"

"工作可不仅仅需要活力就行喽，余老师您可是公司里的元老了，工作经验丰富，我可要拜您为老师了。"

听到窦岩这样谦虚和奉承自己的话，余州的心里消除了对窦岩的成见，说："哪里哪里，老师不敢当。"

"怎么不是老师了，余老师我昨天正好写了一份策划，您就帮忙看看，给我指点指点。"

与人说话，其实是一场相互较劲的心理战，只要把对方的心理摸准了，就能说出对方喜欢听的话，搞好人际关系，消除对方的嫉妒心理自然小菜一碟。

当我们面对别人的嫉妒，也许很多人会生气，会害怕，生怕给我们的人际关系带来不小的冲击。其实大可不必，纪伯伦说："忌妒我的人在不知不觉中颂扬了我。"人们的嫉妒在另一方面其实正是说明你的出色，而相信出色的你，同样可以用自己的出色，去博得对方的好感。

具体我们可以怎么消除别人的嫉妒心呢？别人嫉妒你，首先是因为你太优秀，其次是我们个性比较张扬，那么，我们就可以从这两方面入手。一方面，我们可以在与别人交谈的过程中，适当自我暴露一点自己的缺点和弱势，这样自然难以引起别人的嫉妒。另一方面，低者为王，我们低调一点，对人友善一点，这样嫉妒我们的人就会越来越少。

11.授人玫瑰，切勿以刺对人

"赠人玫瑰，手有余香"。

——英国谚语

英国有一句谚语，"赠人玫瑰，手有余香"，意思是我们做一件很微小的事情，哪怕如同赠人一枝玫瑰般微不足道的事情，但是这样的行为不仅给对方带去温馨与惊喜，更是给自己的内心带来平和与快乐。你帮了别人，成全了别人，就等于成全了自己。

但是，与人说话的时候，我们往往出发点是好的，明明是想安慰对方，开导对方，鼓励对方，可是却因为说话的方式不对，或者一些脱口而出的话，反而伤害了对方，打击了对方，使对方痛苦、难堪，这就成了好心办坏事。

方言是北漂一族，在北京和另外一个女孩合租。

一次，女孩晚上回来，一脸的不高兴，还气呼呼地告诉方言："你知道么？现在的商家太坏了，你看你看，我今天收到一张假币。我一离开柜台，回头去找他们换钱，他们就不认了，说是什么离开柜台概不负责，我这不才离开一步，其实也不能算离开了，就是挨着柜台的地方，他们就是不认账，你说气人不气人。"

方言本来心里是想安慰一下对方的，于是说："你就当做捐给灾区人民了，但是这主要啊，还是怪你自己不小心，谁叫你找钱的时候不看仔细，这回长记性了吧。"

听了方言的话，非但没有让室友的心里好受一点，反而给对方的心里添堵。室友气呼呼地回房间了。

本着好心，为什么会办坏事呢？原因就是我们不会说话，对方因为收了一张假钱，本来心里就不好受，最希望的是你去安慰她开导她，可不是想让你去教训她责怪她，若是你这时候还去责怪对方的粗心，虽然你的责怪是好心，只是想让她长点记性以后别发生这样的事情，可是要知道你现在这种情况下的说教，只能引得她的不快，你的"安慰"还不如不安慰呢。

想授人玫瑰，那就诚心诚意地去送给对方一枝芬芳四溢的玫瑰，当然在送出去之前，也请修剪一下玫瑰上的尖刺，不然刺伤了对方，不仅起不到效果，还会为你们的关系蒙霜。

因为上个礼拜，一个同事把一份丢失材料的责任推卸到了自己的头上，林木始终对那个同事心生龃龉。不过低头不见抬头见，林木想明白了，他要向那个同事主动伸出橄榄枝，融洽同事关系。

中午，林木说："辛哥，一起去吃饭呗。"

"好的。"

"上周的事情处理得不好，我都怀疑咱兄弟的情谊了。"

"嗯，我的确不好。"

"就是嘛，其实那点事情谁承担都一样，不就是丢材料么，重新找一份不就得了，辛哥，你说对不对。小事，又不是天大的事……"

没想到林木还没说完，辛哥就闷闷不乐地说："我今天想回办公室加班，早上有个表格没做完。"刚说完，就丢下不知所措的林木一个人走了。

生活中也许是这样的，我们可以宽容对方的错误，原谅他们对我们的伤害，可是要做到完全不计前嫌，似乎就不那么容易了，就算我们内心想和对方重新建立友谊，甚至我们已经向对方主动伸出了橄榄枝，可是过去的阴影还是会出现在眼前，导致我们在重新建交的时候，口不择言，一些记恨的抱怨的耿耿于怀的话，脱口而出。

其实，我们想要和对方和解，那么那些不甘心的话就深藏心底吧，不然只要一说出口，对方就要怀疑我们的诚意，甚至还会认为我们是想旧事重提。

《诗经·卫风》中有云："投我以木桃，报之以琼瑶。"如果我们想要对人们报以琼瑶，可千万不要把琼瑶砸在对方的头上，如果我们想要授人以玫瑰，可千万勿以刺对人。一次真心的真诚的友善的交谈，可以赢得别人的信赖，冰释前嫌，消除积怨，化敌为友。

12.一个好消息和一个坏消息，先听哪一个

　　　　一个人怎么说话，说什么话，毫不例外地显示着他的品位和智慧。

——希尔顿

　　与人说话，我们难免会偶尔扮演一下传话筒的角色，把一个人的意思传达给另一个人。如果是个好消息，我们自然乐意去传这个话，对方听了好消息，喜上眉梢笑逐颜开，说不定还把我们当做座上客来相待。但是如果我们要传达的是个坏消息，那么我们就要费尽脑筋了，要把坏消息对人们的冲击降到最低，这样我们才会"免受其害"。不过有时候，我们会肩负两个消息，一个是好消息，一个是坏消息。

　　那么，这时候，你会怎么传达呢？你是先说好消息再说坏消息，还是先说坏消息再说好消息呢？这可需要我们好好考虑，因为说的顺序不同，或许对方的反应就不同。

　　从老总办公室里走出来，秦昊从老总那儿带来两个消息，一个是这周晚上都加班，还有就是周末聚餐。秦昊寻思着，怎么说才能不引起同事们的抱怨声呢。

　　"同志们，现在我带来两个消息。"

　　"好消息还是坏消息啊？"部门的机灵鬼小马问道。

　　"必须是——好消息坏消息都有。"

"先说个好消息吧。来，先把掌鼓起来。"秦经理发动大家鼓掌，接着又说，"老总为了表示对大家这段时间奋斗的肯定，决定周末请大家好好吃一顿，到时候，谁也不许请假哟。"

"有吃的坚决不请假啊，嘿嘿。"大家应和着，气氛良好。

"那坏消息呢？"小马不愧是个机灵鬼。

"坏消息嘛，就是为了这顿大餐，为了老板不至于那么亏，我们不妨这几天加几天班表示一下我们的情谊，是不是，礼尚往来嘛。"

同事们都点了点头，谁也没有抱怨，秦昊达到了预期目标。

人人都喜欢听好消息，情之所然，一听到好消息，我们心里的愉快是溢于言表的，可是我们也不能屏蔽坏消息，谁喜欢坏消息啊，它总是给人带来麻烦与不快。

既然如此，那么我们向别人传达各种消息，就要好好考虑了，务必把好消息的愉悦效果推到最高，把坏消息的负面效果降到最低，这才是一个聪明的说话高手需要达到的说话效果。如果我们有一个好消息一个坏消息，好消息的程度完全可以抵得过坏消息，那么我们不妨先说好消息做铺垫，然后再说那个坏消息，这样才能让沉浸在好消息中的人们的愉快心情，削减坏消息带来的冲击。

如果我们的坏消息坏的程度比好消息好的程度大得多，那么我们就不妨先说坏消息，这样才能在坏消息之后，让一个好消息给对方一点点慰藉。如果我们先说这个不算好消息的好消息，对方也开心不起来，而后来再说一个严重的坏消息，那对方的情绪肯定是要跌入谷底了。

两个同事在办公室里发生了一段对话：

"小凌，我给你说，昨天我帮你去问彭总了，那个事情现在办不了。"

"额，不会吧，那怎么办啊，这对我很重要。"小凌说得沮丧极了。

"不过也别太担心，他答应帮忙，他说再试试。"

"嗯，真的么，真的么？愿意帮忙么？"

"是的，所以啊，我们还是等消息吧。"

李开复说:"一个人怎么说话,说什么话,毫不例外地显示着他(她)的品位和智慧"。不错,一个人的智慧是无穷的,这可以从我们说话的过程中看出来,如果我们要传达的是两个消息,一个是坏消息一个是好消息,那么我们就应该开动我们的脑筋,制定出一个最漂亮的转达消息的方案,从而达到最良好的效果。

那么,一个好消息,一个坏消息,现在你会先说哪一个呢?

13. 尊重理解,求同存异

> 我不同意你说的话,但我誓死捍卫你说话的权利。
>
> ——伏尔泰

生活中,我们都遇见过一个普遍的现象,那就是我们要想使每个人都赞同自己的意见、见解,简直比登天还难的时候,无论你的主观意愿如何完美,如何没有瑕疵,可是还是有人不满意,甚至强烈反对。

这时候,你是奋起反驳,非得把别人说服,非得驳倒对方,非得让别人赞同我们的建议呢?还是宽容理解,尊重对方不同的意见?

当别人对我们的意见提出反对意见时,其实,我们不必讶异,更无须感到挫败,因为每一个人都是独特的个体,都有自己的思想与见解。如果你为思想不同而痛苦,那简直是自寻烦恼。如果你在说话的时候,一心想着把对方说服才罢休,那么自己肯定是自讨苦吃。

都说三个女人一台戏,那么两个女人就是一场争辩。那天,孔安宜和于佳从超市出来,两个人还在因为一种懒人电磁锅争辩不停。

孔安宜说:"那个推销员真是的,这么糟糕的电磁锅,居然说得这么功能齐全。"

"功能挺齐全的啊,这么多功能不够你使了?"于佳说。

"可是很多功能都不实在嘛。"

"还有一些功能很实用啊,你看蒸菜、炒菜、炒饭、炖肉……"

"你不觉得很多功能,完全是可以合并的么,你说蒸菜和炖肉,还不是同一种功能啊,非得说成两样。"孔安宜说。

"哪里是一样了,蒸和炖是两个概念,你语文是怎么学的。"

"我语文是不行,可是我厨艺还可以,不像你,连个蛋炒饭也不会啊。"

……

其实,我们与朋友的日常交谈,多是出于消遣,何必较真呢?又不是重要的学术问题,非得辨出一个真理与所以然来,这些生活中的小事,大家说说笑笑便行,太较真了,只会让朋友们觉得你这个人不好相处。

试想一下,我们与人交谈目的是什么?我们谈话的目的,无非是为了更好地了解对方,以便于更好的交流,更是为了增进友谊。很多话题我们的讨论,是为了知道对方对某一件事情的意见,以便增加了解。而如果你听到对方的意见与自己的不同,对方的想法自己认为存在非常大的差错,于是一副谆谆教导的样子,非得诲人不倦,那么反而让对方反感。要知道,尊重理解求同存异,是双方融洽说话的一个基本要求。

"你觉得今天我们部门与销售部门的那场篮球赛打得怎么样啊?"同事问肖剑。

"还行吧,挺精彩的。看来双方都是经过训练的,有看头。"肖剑说。

"我可不这么认为,你看销售部这几个前锋,打得一点也不好。"

"那也是啊,他们好几次都出现失误呢。"肖剑附和着。

"丢了好几个球呢。"

"是啊,我都替他们可惜。"

伏尔泰说："我不同意你说的话，但我誓死捍卫你说话的权利。"在生活中，我们不仅要捍卫对方说话的权利，我们还要尊重对方并不明智的建议，宽容对方略显幼稚的见解，原谅对方不成熟的思想，甚至，对于一些无关紧要的看法，我们还可以表示赞同。

也许你会说："我心里并不赞同，嘴上说赞同，那不是讨好么，那不是很虚伪么？"不要认为我们的赞同是为了讨好对方，也不要认为这是随声附和没有主见，因为这些日常的看法，真的不值得我们去争辩，不值得我们去反驳，不如去仔细考虑别人的意见，或许他们说的真的也很有道理，赞同对方的看法，还能博得对方的好感，增进双方的友谊。

14. 宽容大度，莫斤斤计较

> 得饶人处且饶人，这是一种宽容，一种博大的胸怀，更是一种相处的智慧。
>
> ——佚名

孔子的学生子贡曾经请教孔子："人应该如何为官呢？"

孔子回答说："水至清则无鱼，人至察则无徒。"

孔子的意思是说水太干净就没有小鱼生活，因为太清澈的水中的鱼容易成为渔人的目标。而一个人对别人的要求太高也不行，不然那就没有朋友了。谁乐意做一个完美主义者的朋友啊，那不活活累死人？由此我们可以知道，与人交往，我们做人要尽量宽容大度，与人说话，莫要斤斤计较，才能赢得尊敬与好感，赢得朋友。

做人大度是一种豁达的风范，当我们宽容别人时，不但给了别人机会，也给了自己机会，让自己博得好人缘，让自己与他人和睦相处。

一战时期，美国有一个士兵，一次演习的时候，他大声喊叫："消灭那个该死的对手。"不过，这个可怜的士兵马上就后悔了。因为他冒犯的是素有"铁锤将军"之称的约翰·约瑟夫·潘兴上将。

于是这位士兵结结巴巴地道歉："对不起，将军，我搞错对象了。"

正等着一顿责骂呢，结果潘兴上将拍了拍士兵的后背，说道："没关系，孩子。你是对的，虽然是演习，但是对待敌人和对手就要狠一些。"

上将没有因为列兵的冒犯而火冒三丈，反而原谅了他，让这个士兵感动不已。

金无足赤，人无完人，我们应该有宽容对方失误的气度，包容对方犯错的胸怀。如果对方做错了小事，我们大可不必斤斤计较、对他们发脾气，那样只会搞砸与对方的关系，更会无意中给自己树立一个敌人。

而在生活中，就是有些心胸狭窄的人想不明白，对人总是锱铢必较，喜欢以牙还牙，揪着别人的"小辫子"不肯放松，这样的人永远不会招人喜欢，更不会获得好人缘。我们就学习一下美国众议院著名发言人萨姆·雷伯恩的言论吧，他说："如果你想与人融合相处，那就多多原谅别人的缺点吧。"

袁总接到客户的电话，最近的一份策划被否决了，现在要重新考虑是否继续合作。生气之余的袁总重新翻看上个礼拜给客户的策划案，一看吓一跳，原来这是新员工小周做的一份策划案，主题不明确，创意不新颖，甚至还出现错别字这样的低级错误。于是小周被叫进了办公室。

小周看着袁总一脸阴沉，问："袁总，您找我什么事？"

"自己看看策划。"

小周看见自己的策划案上画满了红线，并写了详细的修改意见，说："袁总，我的策划案是不是做得不好，被客户驳回了。"

"是的，现在对方还要撤销与我们的合作呢。"

"真对不起您……袁总。我这策划案实在太糟糕了。那怎么办啊？我……您处罚我吧，或者开除我。"

袁总虽然很生气，但是看见小周这样子，就突然觉得年轻人犯点错不算什么，谁年轻的时候不犯错啊，于是说："现在不要谈其他的，此刻最主要的是马上再写一份策划案，希望重新获得客户的信任。过来，我给你讲讲这份策划案的要点。"

我们欣赏人们的优点和长处，但是对于别人的短处与缺点，我们常常难以容忍。尤其是当对方犯了错，并且给自己带来了损失时，很多人都会怒不可遏，会遏制不住自己而狠狠地指责教训对方。当然，我们的指责，理所当然，可是指责能挽回事态么？现实告诉我们，能够挽回事态的是我们重新针对问题采取措施。而我们的指责对于事情本身来说是南辕北辙不得要领无济于事的，还会让我们与对方的关系恶化。得饶人处且饶人，不如宽容对待。

与人说话，即便是对方犯错，我们也要宽容对待，平时和对方有个什么意见不合思想不统一的，更莫要斤斤计较，尊重宽容求同存异才是沟通的硬道理。

15.有了矛盾，不妨搁置一边"冷处理"

> 不责人小过，不发人隐私，不念人旧恶，三者可以养德，亦可以远害。
>
> ——《菜根谭》

社会生活中，人与人交流难免发生矛盾，而正处在矛盾风口浪尖的时候，当事人双方情绪都非常激动，一些伤人的话也开始不可理喻地脱口而出,在这双方激烈的交火中,往往你无论怎么想停息争斗解决矛盾,都不能取得一个令人满意的结果。所以最好的方法是来个缓兵之计,stop,都各回各家各找各妈,回去冷静一下自己的头脑,平复自己的情绪,等到大家都有足够的理智来重新面对,再言归于好。这不失为一个解决矛盾的好办法。

降温处理以后,双方或多或少会有所悔悟,这时,矛盾也就自然迎刃而解了。

某公司主管罗石感叹:现在的年轻人创意不错,就是太张狂。

刚刚罗石跟下属小夏交谈过,小夏说:"罗经理,我的策划肯定可以冲进前三的,您就不用改啦。"

罗石说:"我看看……嗯,小夏,你觉得今年的主题是环保怎么样?"

"太切主题啦,这个主题评委们肯定喜欢。"

"好的,不错。小夏,你看,这儿你流程漏了一个环节,你补一下。"

"怎么会少,我觉得那样的环节简直是画蛇添足,完全没有必要。"

"我还是建议你加进去。"

"我的策划很完美,凭什么还要修改……"

罗石知道这小夏的气性,犟起来像头牛,于是说:"先不讨论这个环节的问题了,你先回去把错别字、标点改一下吧。这可是一份优秀策划的基本要求啊。"

一天后,罗石知道自己当时避免和小夏继续讨论缺失环节的问题是明智的,因为小夏交上来的策划已经加上那个自己建议的环节了。

人人都好面子,如果我们揪着一个问题不肯放松,只会让对方觉得我们太不给面子了,而把问题暂时搁浅显然是卖给对方一个莫大的面子。而对方,只要明白一点事理,要是自己错了,冷处理下必然会去改正。

与人交谈,如果我们善于利用"冷处理",能协助我们在人际关系场中游刃有余。当然,我们还要注意,当彼此都暂时冷静下来以后,再次谈话的时候,我们切记不要重谈那个让彼此激动而产生矛盾的话题,要是我们不懂这个道理,还是去旧事重提,那么对方就会认为我们重揭伤疤,觉得我们为人刻薄，旧事重提只会让刚刚冷静下来的情绪被重新点燃。如果，我们不能避免地需要旧事重提，我们也点到为止就好。

蔡旭的女友是个野蛮女友，这让他精神"饱受摧残"。

那天，因为蔡旭公司加班而导致约会迟到，蔡旭知道，女友的暴风雨又开始了。

"你真是太让我失望了，这样的事情发生多少次了，我在这整整等你半小时。"女友大声说着，惹得餐厅里的人都扭过头来看。

"我不是发你信息了，我要加班。"

"加个班就了不起啊，你以为你加班就可以对我大呼小叫啊？"

"公司加班没办法。好了，好了，我们吃饭啦。"

"我就不吃，你让我白白等了一小时，怎么办？"

"咱冷静一下吧。这几天我不找你了，咱好好考虑一下双方的关系，考虑清楚双方合不合适。"

恋爱是一个男女双方互相了解、适应的过程，要知道，很多野蛮女友之所以野蛮，是因为脾气暴躁性格冲动，表面上那么霸道、那么凶狠，内心其实是十分脆弱的，对男友也十分依赖。如果"冷处理"，把女友不远不近地"冷淡"一段时间，对方才会在一个人的时候冷静反省，才会懂得让步和尊重。

总之，无论对方是恋人、朋友、同事还是客户，一旦双方发生不可调和的矛盾，发生激烈的争吵，如果我们想要更好地处理矛盾，不妨先按捺住想要急速挽回双方关系的迫切心情，学会"冷处理"，给对方时间冷静，"冷处理"后也许我们与对方的矛盾自然化解，双方的关系也突飞猛进。当然，我们也要注意一点，我们的"冷处理"也不能"冷"得太久，"冷"得过久难免寒了对方的心，反而冷冻住了双方的关系。

第三天

口才训练仅需10天

想受器重，可以这样和上司沟通

1. 学会主动道歉

> 主动道歉，就是你主动反省了自己的错误，为自己内心做了检讨，真诚的态度会收到不错的效果！
>
> ——佚名

不管是因为什么，只要做错了事情，就要学会主动道歉，这点原则在职场中是非常关键的。因为你的主动道歉不只仅能化解领导的怒火，还能成为他宽容原谅你的理由。

在新东方，俞敏洪以"勇于认错"著称，他曾这样解答他为什么宁愿承认错误而不愿意死要面子：

"人事纷争是很正常的，关键是领导者起到的作用、担当的角色和他的心态。

"新东方的元老从来不把我当领导看，坏处呢，新东方结构调整管理的难度增加，好处呢，因为有人敢骂我，我能及时纠正自己的错误，因为这帮人都是我大学的朋友哥们，向他们承认错误不算丢面子。然后我发现向下属承认错误也不丢面子。

"有一次，我骂一个员工，凶了一点，伤他自尊了，第二天我意识到这个问题，就给他发了一个邮件，向他道了歉。这个员工感动得不得了。我们要勇于承认错误。"

主动道歉，首先态度要真诚。当你反省了自己的错误，紧接着做一个深刻的检讨，然后以最真诚的态度去跟对方道歉，效果会很不错的。

其次，道歉要直截了当，错了就是错了。如果你扭扭捏捏地嗫嚅半天还没说出个所以然，对方一定觉得你这道歉是被逼的。一句"对不起"，话虽少，但态度鲜明，想必对方也会对你有所谅解。

再次，除了道歉，还要表现出补偿的意思。比如你文案没做好，客户生气了，你在道歉的时候，别忘记说："对不起，我大意了。我今天加班改，明天早上应该能改好。"你真诚的态度加上极力弥补错误的行为，是领导愿意看到的。

最后，道歉一定要及时，最好的时机是赶在领导批评你之前。如果你拖拖拉拉，被批评半天还没想起认错，那样领导会更加生气。

2. 主动汇报工作进度，领导会更放心

> 在职场中，不要等你的领导追问工作进度，主动汇报工作进度才是聪明的人。
>
> ——佚名

很多职场中人，在接受领导的任务后，喜欢在不被打扰的情况下去完成任务，到了预期的时限内，给领导一个大大的surprise（惊喜），以期收到令上司刮目相看的效果。

而领导们则恰恰相反，往往喜欢时刻关注属下的工作状态，从而把握工作任务的进度，避免一些不必要的麻烦。作为一名聪明的下属，要想得到上司的肯定，一定要去摸清领导的脾性，定期将自己的工作进度上报领导，让上司看到你的努力和责任心，从而肯定你的成绩。

因为陆云峰的业绩突出，陆云峰被老总提拔为区域经理，到江苏开发市

场。这次机遇很重要，做好了名利双收，做不好，很可能失去老总对自己的信任。

来到江苏后，陆云峰考察后才发现市场的大客户竞争太激烈，所以陆云峰想先占领小客户，再慢慢向大客户渗透。陆云峰写了一封电子邮件发给老总请示，老总看了看知道陆云峰的想法，于是同意了陆云峰的策划，并建议陆云峰在攻克一部分小客户后，积累一点人脉，打通一部分市场以后就可以去公关大客户了。

陆云峰明白了老总的意思，一个月后，陆云峰向老总汇报自己一个月的成绩。三个月后，陆云峰又向老总写电子邮件，说反攻的时刻到了。老总自然是对陆云峰大加赞赏。

多向领导汇报工作，不仅能提升自己在领导心目中的地位，更能搞好与领导的关系，何乐而不为呢？你的成绩越突出就越应该及时向上司汇报，让领导能够了解你优秀的工作能力，如果你的工作并不不出色，更要向领导汇报，这样你才知道如何更好地改进。如果你接到公司的任务，只知道自己闷头开展工作，而不与领导及时沟通，那么一旦出现差错，你就只能"搬起石头砸自己的脚"了。

如果你只知道埋头干活，就算是成绩再突出，也是很难得到上级的首肯。领导们公务繁忙，不会主动去关注一个像我们这样小职员的工作动态，因此，你如果想以出色的表现赢得上司的青睐，就必须要及时主动地向领导汇报自己的工作进度，这样我们才能明白领导的心意，得到领导支持或反对的答案，并决定自己的工作是继续还是改变策略。

为了让领导放心，我们不妨学会适时地向领导汇报工作进度，这不仅可以在领导心目中为自己加分，从而奠定加薪升职的基石，更能锻炼自己做事的谨慎与认真。

3. 布置工作时，领导最喜欢听"我马上处理"

工作中最重要的是提高效率。

——艾迪生

"谈待遇时讲要求，做工作时找理由"是当下很多职场人都会犯的毛病，当领导下达任务的时候，他们总会找很多理由推脱领导布置的任务，他们总会向领导诉苦想让领导理解自己的苦衷。也许，他们暂时获得了轻松，逃离了繁重的任务，可是那样也会让领导觉得你是一个担不起重任，或者是个懒惰又喜欢推卸责任的人。

在领导下达任务的时候，他们最喜欢听到下属说"我马上处理"。在领导传唤时责无旁贷，每次都能冷静迅速地做出回答，会令领导认为你是个有效率、有责任心、服从命令的好员工。

戴怡婷懊恼极了，仅仅因为自己的一句话而失去了领导的信任，更因为失去领导的信任而失去了去海外考察的机会。

那天中午的时候，戴怡婷很饿，可是自己在赶一份策划，根本来不及吃饭。这时候领导突然出现在面前，笑着说："小戴，这里有一份合作公司兰总的策划，你做一下吧。要快啊，兰总急着要。"

当时本就急躁的戴怡婷想都没想，就不耐烦地说："领导，我这不还在做上礼拜你给布置的策划嘛，这还是交给别人吧。"

领导听了戴怡婷的话，脸上下不去，幸好旁边的同事看见了，就对领导解围："领导，戴怡婷最近为了赶策划，天天加班也累了，还是我来接吧。领导这策划急是吧？"领导点点头，同事说："好的，我马上处理。"

而自从那次拒绝领导之后，戴怡婷发现领导再也不像从前那样对自己笑脸相对了，总是绷着一张脸，而曾经说过给自己的去海外考察的名额居然也给了别人。

工作不要借口。作为下属，当领导下达命令的时候后，不要有任何借口和理由，每次都要"立刻去办"，只有这样具有高度执行力的下属，才能把事情办好，才能得到领导的赏识和器重。要想给领导留下一个果断干练和负责任的印象，千万不要对领导的任务挑三拣四和推三阻四，这样只会让领导看轻你的实力。

职位意味着服从，命令意味着执行。时间就是金钱，聪明的下属，不会浪费领导的时间，会在领导布置任务的下一刻，立刻说一句"我马上处理"，说下属应该说的话，做下属应该做的事情，这样我们才会在职场上更快地成长和提升。

4. 一定要学会"推功揽过"这一招

> 完名美节，不宜独任，分些与人，可以远害全身；辱行污名，不宜全推，引些归己，可以韬光养德。
>
> ——《菜根谭》

一个在领导面前善于推功揽过的人，虽然表面上看起来不够精明，但实际上却是一种大智若愚的处世艺术。

孙鑫毕业后不久就进入一家企业做文员，刚进公司的第一天，她偶然见到部门主管在写一本宣传资料。但她看过之后，觉得这个主管写出来的文字无法引起别人的阅读欲望。因为平时对文字比较感兴趣，又加上最近工作任务不多，孙鑫便在业余时间写出一本宣传材料，并给了那位主管。

主管看到孙鑫所写的宣传资料后，十分惊讶而且很高兴，便将孙鑫的这本材料给了老总，并对孙鑫表示了感谢。第二天，总经理就将主管和孙鑫一起叫到了自己的办公室。

"那本宣传材料我看过了，尤其是介绍公司产品的创意很独特，这是谁做出来的？"总经理笑着问道。

"这是主管想出来的，我就按主管的意思总结了一下。"孙鑫回答道。听完孙鑫的话，总经理拍着部门主管的肩膀说："的确不错。"

回到办公室到后，主管向孙鑫投去了欣赏的眼神。等到孙鑫三个月试用期一满，主管立刻将孙鑫提到身边做助理了。

也许有人认为，推功揽过的确是成全了他人，可是这不也是牺牲了自己的利益？是的，将自己辛苦的功劳推给上司的确有点心酸，但是我们要清楚地认识到，在职场中大凡能够抵达成功的人，大多是在他还未成气候之时，就已经懂得与旁人一同分享。他们懂得推功揽过，因此积聚了更多的好人缘。

我们还需要明白的是，"推功"和"揽过"不仅仅是普通意义上的一种舍弃与得到，运用它时，我们还必须牢记一定的技巧。

第一，推功要巧妙。估计没有一个人会喜欢对方赤裸裸地当着所有人的面将他的功劳全部加注在自己身上，这明摆着就是做给所有人看的，而且你还犯下了职场大忌，让人十分清楚地看到你的功利心。另外强将功劳加到上司的身上，还可能造成张冠李戴的尴尬场面出现，那样只会弄巧成拙，招惹上司的怨恨。

第二，揽过要适度。小过小错可以由自己来承担，毕竟那就是挨几句批评的事，甚至罚一些奖金的损失，都无关紧要。因为上司会看到你的"好"，而且有的好上司还会事后"补偿"你的损失。但是你也要清楚地明白，绝非什么过错都可以揽，比如你上司贪污腐败，你如果还站出来代人受过，那便是自寻死路。所以，揽过的时候，要眼明心亮，遇到上司违法违纪的事情，千万别盲目地承担。

学会做一个善于推功揽过的聪明员工吧，这样你才能在能屈能伸、大智若愚中走向最后的成功。

5.语含轻视,吃不了兜着走

> 公司领导是公司的权威,而作为下属,若平时工作中表现出对上司的不屑,甚至口出狂言,后果不堪设想。
>
> ——佚名

在公司中作为下属,要知道自己被领导掌握着"生杀大权"。所以,不管你是刚入社会就锋芒毕露的职场菜鸟,还是公司的元老,更别管你在心里有多看不上你的领导,至少在场面上得尊重你的领导,和领导说话还是悠着点,不然小心"吃不了兜着走了"。

在一个周一例会上,陈总非常激情澎湃地宣布:"我们接下来的目标就是要拿下张总的单子!"

张总是一家上市公司的总经理,在一场高尔夫球赛中,张总与陈总相识,但是不熟。所以想要拿下张总的单子谈何容易啊。

员工田玉华感到垂头丧气,还没等老总把美好的憧憬阐述完,就在底下叹了一口气:"能行吗?"话说的很小声,却也被其他员工听到了,陈总面露不快,白了他一眼。后来,公司果然没有拿到张总那个利益丰厚的单子,尽管争取单子的过程中,田玉华也出了很多力,还把自己的双休日都搭进去了。可是依然没有赢得陈总的认可,对别人都有所提拔,唯独对田玉华不闻不问。

不尊重领导、口无遮拦只会让领导厌恶你,或者给你个冷板凳坐,再坏点恐怕就是让你卷铺盖走人了。如果案例中的田玉华,选择于会议以后在老总的办公室里,委婉地说出自己的建议,那么自己的职业生涯也许会是另一种境遇。

现实中,桀骜不驯的员工不乏其人,甚至很多都有过刁难、冲撞老板的时候,甚至他们将此看作是一件值得炫耀的事,却忽略了在公司最基本的上下级关系中，尊重上司、维护上司权威是下属的责任，聪明的人在开口之前会充分考虑领导的心情，即使是领导错了也不会在话语中掺杂轻视的成分。

6. 切记不要替上司做决定

莫把越权越位当成尽职尽责。

——佚名

在职场上，有些人常常仗着领导器重自己、信任自己，而忘乎所以越俎代庖地替领导做了决定，他们常常觉得既然领导也是这个意思，也同意自己的计划，那么先斩后奏又有什么关系呢，说不定还能博得领导的好感从而成为领导的心腹。

可是令你疑惑不已的是，你替领导做了他原本就中意的决定，你替领导分忧解难，结果却适得其反，领导非但不领情，反而让领导觉得你自作聪明、肆无忌惮，眼里简直没有他这个领导的地位。但凡深谙职场的人都懂得，作为下属的我们，对上司是献策，而非决策。

年初，程永强的公司想换一家广告公司做年度广告，目前一共有三家公司角逐。经理让程永强写一份这三家广告公司的资料和利弊分析，然后做一个策划。

程永强说干就干，调查了四五天，写出了一份堪称完美的策划。他带着策划去经理办公室，非常自信地说："经理，这次广告的单子，我觉得要给李总他们公司，既有实力也有创意……"

还没说完，经理冷着脸说："是吗？可是我认为李总他们公司有一点不太好，这才成立几年的公司，这样的大单子能放心给他们吗？再说我们曾经与他们合作过，你不会忘记当时他们的业绩吧？"

程永强听了经理的话有点发愣，明明经理让自己给出一个最合理的建议，现在自己给出了最受益的方案，居然被经理否决了，这是为什么？

令程永强更郁闷的是，自从这次惹经理不开心以后，似乎经理也没有像从前一样器重自己了，而分公司经理一职的推荐名单上压根就没有了他的名字。

没有哪一个领导乐意下属为自己做决定，没有一个领导喜欢自作主张的下属，也没有一个领导愿意让下属表现得比自己有远见、有能力。所以，如果你是下属，那么即便你才高八斗、学富五车、才能盖世，你也不能自作聪明，替上司去做决定。

在职场中，你要时刻明白自己的身份，也要时刻提醒自己，领导才是公司的决策者，而你充其量，只是他的智囊团，只有提提建议的权利。在做决定前不妨说"领导您看这样如何""您觉得哪里还有不足的地方"，这样领导既获得了你对他的尊重，而且只要你的决定合情合理，基本上都能获得老板的同意。

7. 职场新人，喊上司"头儿"并不讨喜

> 在人际关系中，称呼往往被看作是一个人的象征，体现这一个人对别人的态度，职场是一个人际关系非常突出的领域，职场人对于称呼更加敏感。
>
> ——佚名

在工作中，很多人不知该如何称呼自己的上司，太亲切，怕上司感到别扭；太生疏吧，又怕让上司觉得生分；如果不太正式吧，难免会让其他同事

产生想法；太正式了吧，又显得过于生硬。其实，当我们不知道该如何称呼上司的时候，正式一点，直接称呼他的职位是最好的选择，叫法确实很生硬，然而却并不失礼，也不会让对方感到不舒服。有些人对此不以为然，认为叫什么只不过是个称呼的事，只要自己工作能力够，叫对方什么也不会有太大的关系。其实不然，

金融专业毕业生陈晓曦在入职的头两天，不知如何称呼办公室里的同事、领导，她打算通过观察，来看看老员工们是怎样称呼别人的。

公司举办了迎新会，迎接这一批来到公司的新人。经过了解发现，公司是当地金融专业毕业生的最佳去处，所以陈晓曦在迎新会上看到好多学长、学姐。她就开始主动跟对方说话："学长，我们是一个导师教出来的啊。""师姐，我早就听说过你的名字了。"一来二去就跟大家非常熟悉了。

迎新会结束后，陈晓曦不再腼腆，还是跟大家用"学长""师姐"这样的称呼。她不知道的是，公司里最忌讳拉帮结派，有一次陈晓曦居然叫领导为"头儿"。领导告诉她在公共场合不要这么叫，她一头雾水。

最终还是一位好心的大姐提醒她："你没分清私人与工作的关系，职场上越是有关系越要避嫌。另外你跟领导不要用随便的称呼，那样领导很没面子。"

新人报到后，首先应该对自己所在部门的所有同事有一个大致了解，弄清楚每个人的职位，对自己的上级，可以直接称呼其职位。而且在称呼多位上司时，一定要从职位高的向职位低的逐一称呼。

职场上，尤其是在工作场合，你对别人的称呼是否得体，能表达出你心里是否对人尊重。人们很在意你心里是否有他，而称呼能表明你的心里是怎么想的，言为心声。

此外，你在称呼上得体，也是给旁边的人做了榜样。在别人面前给对方面子、尊重对方，对方会觉得你很职业。这样的人，容易得到升迁。很多人莫名其妙地断送前程，追起根来可能就在称呼不讲究，而这些看起来是"小节"，实则不然——称呼礼节正是一个人的修养、情感、智商的表现。

8. 绝不说"为什么某某的薪水比我多"

> 公司真正绝对的公平是没有的，您不能对这方面期望太高。但在努力者面前，机会总是均等的，要承受得起做好事反受委屈。
>
> ——任正非

有付出就有回报，薪水就是我们工作最直接的回报，而作为职场人，我们对薪水，不仅想做纵向的比较，是否今年比去年的薪水提高了，还想做横向的比较，是否自己的薪水和同部门的某某持平，更想以薪水的高低，来揣测自己在老板心目中的地位和重要性。

但是，在职场上，薪水却是不可踩的"地雷"，有时候我们无意间得知某某的工作能力没我们高，而工资却让我们难以望其项背，于是我们发出仰天长啸"为什么某某的薪水比我多"，那你就不幸踩地雷了。

都说酒后吐真言，要是知道自己会因为那句真言而失去上司的信任，严厚宏就悔不当初。

上周，是公司的三周年庆典，公司请全体员工去吃烤全羊，在饭桌上，啃了几块羊肉，喝了几杯白酒，不胜酒力的严厚宏就醉了，要是醉得不省人事也就算了，偏偏还能酒壮其胆。严厚宏拍着自己顶头上司的肩膀，说："你说我们是好兄弟，是不是？"

上司知道他醉了，说："是是，小周你有什么话只管说，大哥帮你办得妥妥的。"

于是严厚宏说："大哥，你说这怎么回事儿，同样是工作，同样勤勤恳恳起早贪黑，为什么部门里我的薪水最低啊，你看小张小李他们都比我多……"

上司听了严厚宏的话，脸拉得老长。

从那次周年庆典以后，严厚宏老是觉得上司不再像从前一样对他那么信任了，不仅不把重要的任务交给自己，还常常批评自己工作不到位。

薪水是公司里部门间不可不说的秘密，在相互透露薪水多少以后，几家欢乐几家愁，有的人暗自欢喜，有的人长吁短叹，开始对自己的薪酬不满，可是你要是自己对自己或者对朋友抱怨一下，发泄一下不满也就算了，千万不要去向领导抱怨"为什么某某的薪水比我多"，这无疑是对领导的质问，既让领导难堪，又让领导觉得你是一个唯钱是图的员工，从而把你剔除出加薪升职的考虑范围。

其实，要是想和老板说公司存在薪水不公平的现象，想说服老板加薪，你要讲求方法，让老板心甘情愿掏出腰包，不妨你这样说说："领导，如果和其他公司的员工相比较，我们的薪酬福利并没有太多竞争力。您是不是考虑一下，做些适当调整，也让我们这些员工更有干劲呢？"

9. 不说"如果这样不行，我就真的没法干了"

在工作中，说泄气的话，只会让你更没有干劲。

——佚名

你是不是曾经遇到过下面这样的事情？

产品真的不能做得更小了，策划真的不能再删减了，程序真的不能再增加了，书稿真的不能再修改了……可是你的领导却执意叫你修改、修改、再修改，于是你火不知打哪儿出来，过去就给领导说："如果这样不行，我真的没法儿干了。"

或许你说这句话只想恳求领导："您就答应我的要求吧，这样工作才能更完美啊。"可是这样一句刺耳的话，毫无疑问那是故意找骂，惹领导生气。即使这件工作确实超出了你的能力范围，即使现在的情况是最佳状态不能改进，但领导将任务交给你，并不是想听到你的这句来势汹汹的话。你的话一出口，只会让领导质疑你的上进心与责任心，以及解决问题的能力，甚至于还会让你卷铺盖走人。

公司最近接了一个大单，要求高，而且时间紧迫，经理说这两个任务必须完成，首先是全面修改游戏程序，其次是重新制作游戏的动画，还必须得在这一周完成，快赶上大跃进了，部门所有的人都暗自叫苦。

小郑的团队回去后经过了半个月不休息地加班，终于把工作完成了。结果交上去后，经理不满意，说："小郑，我上次开会的时候不是跟你说了吗，要偏中国风，不要五颜六色的，要肃静高雅。最重要的是这画面质量根本达不到客户要求，你说这事怎么办？"

小郑也急了："经理，这可是我们的最高水平了，做出来的效果也是国内顶尖，怎么能不行呢？"

经理说："是客户说不行，还有一周时间，我要看到一个全新升级的程序。"

小郑回到座位时抱怨道："如果这样都不行，那我真的没法干了。"

经理听到后一拍桌子："不干就不干，你吓唬谁？要么你就把工作做到最好，要么辞职走人，我请你来是解决问题的，不是发牢骚的！"

小郑低下头，特郁闷地回到了工作岗位上。

无论是领导的失误还是自己的能力有限，总之遵守一个原则，千万别跟老板讲条件，即使你说的句句是肺腑之言，句句是为了公司考虑，也要牢牢记住，领导是领导，下属是下属，你威胁领导或者是让领导感觉到了你的威胁，这样就是你的不对了。

所以，面对固执的领导，面对领导的吹毛求疵，聪明的职场人千万不要再说"如果这样不行，我真的没法儿干了"这样的傻话了，如果你真的想改变领导的想法，那么不妨在私底下对领导动之以情、晓之以理，既摆事实又讲道理，相信最终领导会理解你，并给予你一定的支持。

10. 少说"我不知道"

> "我不知道"的情况我经常会遇到，这时我会去找知道的人。
>
> ——张曦轲

"我不知道"就是职场中的一句禁语，这一方面说明你知识的欠缺，而另一方面你说这样的话，给人一种推卸责任和不思上进的误解。有很多职场菜鸟抱着"我是新人，不知道也情有可原"的思想，也有不少职场"老鸟"，动不动就拿"人非圣贤，哪能事事明了"当作挡箭牌，他们都常常用"我不知道"来应付领导，敷衍了事。

殊不知，在领导眼中，这是一句很不负责任更不受欢迎的话，作为聪明的下属，为了赢得伯乐的欣赏，必须首先让自己成为一匹千里马，要让自己的言行更加谨慎，尽量不要对领导说"不知道"，尤其是关于工作中的事情，当领导问起时，你若是一问三不知，那就可惜可叹了。

崔蕾蕾刚来公司半个月，由于性格内向、不善于向公司前辈们讨教经验，很多事情都摸不到头脑。

一天上午，老总来办公室视察工作，而那天部门经理正好不在，老总来到崔蕾蕾身边，说："把你们部门的工作计划表拿给我。"崔蕾蕾是个新人，部门经理从来不会把工作计划交给一个新人，而崔蕾蕾自然不知道计划表会在哪儿，所以她直截了当地说："李总，我不知道。"老板听了面露不悦，看了看这张稚嫩的脸，悻悻地走开了。

那天下午，崔蕾蕾就被部门经理叫到办公室谈话了，经理问："小崔，你来公司多久了？"

"半个月了。"

"你看，也半个月了吧，所以在工作上，你要融入我们公司里来，不懂就问，不要什么都不知道。早上，李总向你要工作计划表，你没有给他，这让李总很失望啊。"

崔蕾蕾委屈地辩解："经理，我真的不知道啊。"

"你不知道，不会问同事啊，办公室里又不是只有你一个人。你什么都说不知道，那公司招你来干什么？"

当工作上出现问题的时候，很多人常常想用一句"我不知道"来推卸自己的责任和逃避领导的责骂，自以为"不知者无罪"，可是结果却恰恰相反，你的"不知道"非但没有让领导理解你、宽容你，反而是火上加油，对你大发雷霆，甚至从此对你失去信任和器重。你不知道是没错，你不懂还不知道去问、去解决就是错。

其实作为新人，对很多事不是很清楚，面对老总的提问，心中茫然，这很正常的，有时虽然不能改变事情，但是可以改变态度。崔蕾蕾完全可以把消极被动的"不知道"，变成积极主动的态度："好的，老板我马上去查一查！""老总，我马上去问一问，然后拿给您！"这样，问题不就解决了吗？

人在职场生存，最忌讳对领导说"不知道"。在工作上，主动去学习去了解，你才能从中获得更多的专业知识和经验，这样自然会得到领导的赏识，让他们放心地交给你更多的任务，那么从此你会得到更多升迁的机会。

11. 对领导说不，一定要把握好时机

时则动，不时则静。

——中国谚语

拒绝别人很简单，可是一旦要对着领导把这个"NO"说出口，很多人却都难以启齿。因为当我们说"不"的时候，也就意味着拒绝——拒绝领导

的命令，这绝对是一个棘手的问题，搞不好还要因为一个"NO"字而丢了饭碗。

因此，我们一定要学会巧妙地说"NO"，一定要把握好时机，要是错过了好时机领导可不领情。

领导常常在会议上夸奖林娟："小林办事，我放心。"林娟进公司三年了，一直是领导的得力助手。

可是最近林娟很不开心，领导现在把她当成超人了，交给她的任务越来越多。林娟每天都拼命加班才能勉强完成当天的任务，可是有几个同事每天悠闲得很，工资却跟自己差不多。这让林娟很不平衡，她想到领导对自己的夸奖，可能是精神上的麻痹。

林娟跟老同事沟通了一下，老同事一语点醒梦中人："我听说公司中讨论过几次给你升职的事，都被领导否决了。你想啊，如果你升职了，他去哪里找像你这样任劳任怨的人？"

于是，林娟开始了自卫反击战。一次老总说："小林，回头把张总的单子接一下吧。"

林娟一脸诚恳地说："老总，我手里还有上周你交给我的3个大项目，我担心时间安排不过来。"

老总脸色变得很差："那个张总只有你熟。"

"老总，我赶一下，要是有几个帮手能尽快完成任务就好了。"林娟向老总建议。

老总笑着说："我考虑一下。"

没想到，从那以后，领导虽然没有给林娟增配助手，不过却把她的一些工作分担给了其他的同事。

在职场上，拒绝领导是一门学问，一种技巧，拒绝的关键在于我们有没有找到合适的时机。现实的工作上，有时候我们很想拒绝领导，但碍于情面只好点了头，一来讨好领导，二来也锻炼一下自己的能力，不料这样"万应婆"一样的形象，却给自己招来越来越多繁重的额外工作，这些工作还无关升职和加薪，真是吃力不讨好。

当你不堪重负，要对领导说"NO（不）"的时候，其实并不需要大张旗鼓大庭广众之下，义正词严地拒绝领导，那样只会令领导难堪，领导自然不给你好脸色了，甚至以后还会给你小鞋穿。其实，我们只需要抓住时机，在会议上你可以暗示一下，还可以选择在没有旁人的办公室，私底下对领导拒绝，只需要摆出自己的难处，比如：可以说在时间或精力上的困难，让领导明白你既不是傻瓜也不是超人。所以，拒绝领导，抓住时机非常重要。

12. 表达忠诚，让领导感到你值得信任

>如果你能忠诚地对待工作，忠诚地对待领导，这样才能赢得上司的信赖。
>
>——佚名

在古代，天子们就非常强调大臣对他们的忠诚，忠诚的大臣很容易得到皇帝的信任，也会得到很好的名声。不仅是君臣之间，老板与下属之间也需要忠诚。老板一般都把下属当成自己人，希望下属忠诚地跟着他，听他的指挥。所以，向老板表达忠诚是必要的。

有人说，干得好不如说得好，这句话不无道理，深谙职场之道的员工都知道，有必要向领导偶尔表达自己的忠心，这样会更容易赢得领导对你的信任。一个人游刃于职场，得到领导的赏识，不仅要有能力，更重要的还要会说话，适时对领导表达自己的忠诚，获得领导的信任。

刘莲在一家小公司就职，最近不知道是怎么回事儿，公司里老是有人辞职。上个月是业务部的经理另谋高就了，上上周，销售部的经理和一个业务员

双双辞职了,上周,连生产部的干了十几年的王主任都推脱身体不舒服告老还乡了。到了这周,刘莲都想辞职不干了,她觉得在这样的公司太没前途了。

那天,作为老总秘书,刘莲去老总办公室拿资料,不料看见老总垂头丧气地看文件,并在各招聘网站上发招聘信息,刘莲想:本来这些事情都是自己干的,难道老总知道自己也要离开了。于是对老总说:"老总,这些事情还是我来吧。"

不料老总却说:"小刘,最近辛苦你了,同事们一个个离开,很多事情都压在了你肩上,让你辛苦了。"

老板说得很激动。敏感的刘莲都快被感动哭了,看见老总辛苦工作的样子,于是对老总说:"老总请放心,我是不会离开的,我和公司共生共亡。"

听了刘莲这样的话,老总苦笑了一下,笑骂刘莲:"说什么傻话啊,公司的前途光明着呢。"可是从那天之后,刘莲发现,老总貌似比以前更器重自己了,第二个月还给自己加了薪水。

向老板表达自己的忠诚的时候,要看清楚地点。如果是在同事面前,说的忠诚话应该大大方方,不要说太露骨的讨好的话;如果单独在老板面前,讨好的话中表现出忠诚最好。表达自己忠诚的时候,切忌不要说得太直白,免得给老板留下爱表功的嫌疑,要间接让老板感受自己的忠诚。

如果你能忠诚地对待工作,忠诚地对待领导,这样才能赢得上司的信赖,从而给你晋升的机会,安排给你一些重要的任务。所以,在平常的工作中,我们不妨用言辞表达自己的忠心耿耿,从而获得领导的信任和器重。

13. 有了荣耀,感谢领导的话要会说

懂得有了成绩感谢领导的人,才是聪明的人。

——佚名

一些人有了荣耀、有了成绩，就得意忘形、居功自傲，这样的人总是讨人嫌的，特别容易招惹领导的嫉恨。聪明的职场人，他们懂得有了荣耀后对领导说一些真挚的感谢言辞，这才是明智的捧场，才是稳妥的自保。

当我们受到领导的表扬，不要忘记感谢他的栽培之恩，当我们在会议上受到了老总的赞扬，不妨告诉大家这都是有赖于自己顶头上司的指点与教导，当我们的职位晋升，首先要做的，也应该是去感恩领导的器重。总之，处处让领导感觉到我们对他的尊重和感遇之情。

乌箐菁虽然初入职场，但深谙职场潜规则，其实人都是捧出来的，自己是被人捧出来的，那么礼尚往来，自己也应该去捧捧别人。学会适时捧捧领导的场，适时对领导表达一下感谢之情，自然有自己的好处。

一次，乌箐菁向领导递交了一份活动策划的方案，方案很出色，点子很创新，领导就拍着乌箐菁的肩膀，大加赞扬，乌箐菁说："领导，您别夸奖我，能想出这样的点子，还不是您的提点。"领导很纳闷："我没指导过你啊。"乌箐菁说："有啦，前天您对我讲最近股市大跌的问题，我就是从中受到启发的。要不是您提点，我怎么能想到呢？"领导听了哈哈大笑。

常言道："要学会夹着尾巴做人。"在许多时候是不无道理的，低调成王，在职场上我们要学会低调，学会感恩领导的栽培和器重。

不要居功自傲，不要恃才傲物，那样终会成为别人的"眼中钉，肉中刺"，时间久了，必然想先除之而后快。收到荣耀的时候，不如谦虚一点，把功劳推给领导，收到掌声和鲜花的时候，不如对领导借花献佛，这才是明哲保身之道。当我们收到荣耀和赞扬，不妨以谦逊的态度，把功劳推向领导，以己短比人长，自然能减少一些矛盾冲突，更能得到领导的支持信任和好感。

在职场中，向领导感谢是本分，因为你在领导手下做事，领导平时在工作上提点你应该感谢，领导表扬你应该感谢，甚至批评你也是另一种方式的激励。所以，当我们有了荣耀，不如大大方方地感谢领导，这表达了我们对领导的感遇之情和尊重，更满足了领导的自尊和满足感。一个公司职员的职业是否成功，是否能够踏上升职加薪的阳光大道，这和他的处世态度和技巧十分相关。

14. 做错事，认错是上策

> 永远不要因承认错误而感到羞耻，因为承认错误也可以解释作你今天更聪敏。
>
> ——马罗

"人非圣贤，孰能无过"，有些人觉得承认错误会毁了自己在领导心目中能干的好形象，于是自作聪明，找出种种借口，认为这样能为自己开脱，却不知最后落得个聪明反被聪明误的后果。领导非但没有相信你的解释，反而认为你是个推卸责任的员工。

还有一些人，在面对错误的时候，秉着沉默是金的原则三缄其口，你以为领导的火气就会过去，不料领导更生气："你不说话，你不服气是不是，就你横是不是！"

而聪明的下属，他们知道当问题出现的时候，最好主动向领导去承认自己的错误，他们明白一条职场金言：做错事，解释是下策，沉默是中策，认错是上策。

宋岳泽和两个搭档一时冲动，进了大批量高档服装，结果造成了大量囤积。

于是他们仨决定向老总去请罪。来到办公室，他们三人还没开口呢，老总就一顿臭骂。

让宋岳泽没有想到的是，等老总骂完，自己的好搭档小吴却说："老总，这次我们的团队中，其实我只是个助手，没有做决策性的决定，小宋和黑子太鲁莽了，直接就做了进货的决定，我还劝来着，结果不管用。"

听到小吴这样的话，分明是把这次进货的全部责任都推给了自己和黑子，而这次出现这样的状况是小吴、黑子和自己三个人的错误啊，要负责也是三个人一起负责，要处罚也是三个人一起处罚，没想到小吴这个人太不够哥们儿了，宋岳泽心里恨恨的。

而这时，黑子说话了。宋岳泽心里捏了一把汗，担心黑子也把责任推给他。不过黑子很够哥们儿，居然把责任全揽到了自己身上："老总，真的，这次不怪他们，都是我没有预见性，把事情办得这么糟糕……"

而宋岳泽在办公室里基本上都保持缄默，没有说一句话。

周末过后，宋岳泽依旧去公司上班，发现小吴没来上班，听同事们说居然是被老总开除了，宋岳泽心中暗暗吃惊，幸好自己没有推卸责任。不过，宋岳泽也发现，黑子这一周已经荣升为销售主管了，继续负责那批囤积的货。而自己，现在在公司几乎成了闲人，老总也貌似不像从前一样器重自己了。

作为下属，不要一出现失误，面对领导的质问和批评时，便寻找理由，证明自己的清白无辜，也不要沉默是金，低头不服气的样子，我们不妨勇敢地面对失误，敢于认错，这才是一名合格员工应有的表现。勇于承担错误，是我们重新改正的前提，也能让我们获得领导的欣赏。要是你犯了错，总是解释，那你永远不会成长，也只会令领导失去对你的好感和欣赏。

15. 给上司提建议而非意见

只会提建议的人会让老板生厌；既提建议又提解决方案的会让老板有好感；只有既提意见又提解决方案还进行了论证的员工才可以得到老板的信任。

—— 唐骏

上司面前，敢于直谏原本是好事，但如果方式不当，就很难得到上司的喜欢。比如，"经理，您刚才说的观点完全错误，我觉得事情应该这样处理……"，或是"经理，您的做法，不太妥当，我认为应该……"

这样的语言，无疑等于把上司的想法或做法一棒子打死。别说是你的领导，就算是你的同事、朋友听了这样的话脸上也挂不住，领导要是被员工众目睽睽之下如此指错，颜面尽失。你的见解再好也不可能被采纳，这都不算什么，就怕领导对我们心生芥蒂，影响我们的仕途。

杨海在一家杂志社做编辑，是一个很有才气的小伙子，他对编辑有着自己独特而不俗的理解。但是，在某次的职代会上，总编为公司的奖罚制度做出一个方案，大家正交头接耳、私下讨论，这时杨海发言："我认为总编的这个方案不妥，这样进行的奖罚制度非常不完善，因为大家接受的任务的难度参差不齐……"

总编听了杨海的话，先是一愣，但是为了显示自己的领导风范，并没有直接否定。在会议快结束的时候总编说："非常感谢大家的意见，在落实方案的时候，我会借鉴大家的意见。"

但是，一个月后，公司的奖罚制度出来了，并没有按着杨海的思路去修改，这让杨海深感挫败，并且，他发现，后来他针对编辑工作提出的一些自己的独到见解，总编也总是不予以采纳。

有一次，杨海无意中听同事说，就是那次在会议上，他毫无顾忌地撕破了总编的脸面，所以总编才开始处处和他作对。

下级给上级提建议，其目的是为了能够让上级采纳或接受，促进事业的发展和领导目标的实现。正因为如此，提建议时就不能不注意方法。

首先，要提意见给你的上司，尽量争取在1分钟内说完你想要说的话。这样，上司就很容易接受，即便他不认同你的意见，也不会因为你过多地浪费他的时间而感到厌烦。

其次，可以尝试以请教的方式向上司提出建议。这是给上司足够的尊重，请教的方式减少了摩擦和敌意，让上司更理解我们的想法。

再次，选择恰当的时机很重要。时机选择是否得当，对于提建议的效果有很大的影响。心理学家的研究成果表明，人在情绪不佳的状态下要比平常更容易悲观失望，思维迟钝且惰于思考，情感波动大并易产生过激行为。这时候提建议，很容易热脸碰冷屁股。若是在上司心情愉快的时候提建议，会更容易被接受。

此外，假如向上司提意见立即就能获得认可，那是最好不过了。不过，一般情况下，上司还是很"顽固"的，并不是那么好说服。毕竟你是在向上司提意见，是否接受你的意见他当然需要慎重考虑。这时，你就没必要再据理力争了，因为它并不能给你带来任何好处。即使到最后你能证明自己是对的，也是白费功夫。

16. 非工作场合，遇到上司说什么

> 不管是面对谁，大方、自然永远都不会错。
>
> ——佚名

很多人出于对上司的畏惧情绪，在工作场合和上司接触还算自然，在非工作场合碰见上司则会产生紧张和不自然的感觉，甚至会选择悄悄"溜之大吉"。

如果是在商场或者吃饭的场所碰见上司，最好不要赶紧避开，一则万一刚好被上司发现你在躲避他，他会对你产生不好的印象；再则，在非工作场所碰见上司，大大方方上前寒暄几句反倒能显示出你对上司的尊敬，上司也会欣赏你的勇气和教养。比如，在饭店等地方遇见上司在和其他人一起吃饭，你主动上前去打个招呼或者敬杯酒，会让上司觉得很有面子。

陈雨最近非常烦恼,原因就是这段时间下班的时候,经常会和自己的顶头上司张经理同路。张经理是一个不到40岁的女人,之前下班一直是老公开车来接她下班,这段时间她却一直搭地铁下班,赶紧赶慢的,经常能和陈雨搭乘同一趟地铁。

陈雨总是感觉很拘束,和张经理说不上几句话,局面非常尴尬。过了两个星期,陈雨决定改变这种情况。再一次搭上同一趟车之后,陈雨主动和上司说:"今天天气有点冷,看您穿得有点少啊!"张经理一改平时雷厉风行的女强人模样,温和地说:"确实是,不过我带了件外套放在包里,待会下车穿上就好了。"

陈雨又说:"看您平时穿衣打扮很有风格,您都有什么搭配的技巧吗?我也想学学,您能不能传授几招?"张经理自然非常乐意传授,详细地跟陈雨说了不少穿衣打扮的技巧。陈雨和上司这么聊着聊着,将近一个小时的车程一会儿就结束了。

在非工作场合碰见上司,没有必要太过拘谨。工作之余,上司也会愿意下属把自己当作普通人一样正常地聊天。如果上司主动找你聊天,也显示了上司的平易近人,大可不必紧张。你可以和上司聊一些关于社会热点新闻或者和工作相关的事情,这样是最安全、最不容易招致尴尬和反感的做法。

不过,有的时候,在一些娱乐场合比如歌舞厅、酒吧、KTV之类的场合遇见上司会有些尴尬,这时候最好选择在上司发现自己之前迅速避开,实在没法避开,大大方方上前打个招呼也是明智的选择。不过要切记,之后当作没有发生过就可以了,不要再次和上司提及或者向同事传播小道消息,以免造成不好的影响。

第四天

口才训练仅需10天

怎么说,才能更受同事欢迎

第四天 怎么说,才能更受同事欢迎

1.同事喊我"小李",都不想搭理他

恰当的称呼就是一种尊重。

——佚名

有人说,在职场上不注意称呼的有两大人群。一种是年龄大、资格老的普通员工,而另一种,就是职场新人。他们不知道该如何去称呼自己身边的人,结果常常会胡乱地称呼,给自己带来不必要的麻烦,进而影响到自己的职场人际关系。

曾坤刚参加工作,在见到同事的时候经常是老师长、老师短地去求教,大家对他的这个称呼并不在意,没过多久,他就和周围的同事混熟了。

但曾坤发现,并不是所有人都适用于这个称呼。每当他称呼一位姓吴的同事"吴老师"时,对方总是会皱起眉,对他的招呼也爱搭不理的。

曾坤很是纳闷,自己并没有什么地方得罪他啊!后来经过侧面打听,曾坤才明白,原来老吴不管是在学历上还是工资待遇上都不如自己,至今还是一个普通的办事员。因此在听到曾坤称呼他为老师的时候,认为曾坤是在故意讽刺他,所以心里大为恼火。

一个职场称呼虽然看起来不起眼,却能够起到拉近下级、同事之间的关系,而运用不恰当则可能会给我们带来不必要的烦恼。比如公司里的女同事,你张口就"大姐""阿姨"地乱叫,铁定会换来白眼。再比如,你初入职场就随意称呼其他员工为"小X",百分百会让对方感到不悦。

那么,究竟该如何称呼才得体?

欧美的企业氛围中,非常讲究平等自由,所以无论是上级还是下级,多数都是直接以名字相称呼。而中国的企业文化则大有不同，如果直接叫别人的名字是一种不尊重对方的体现。对于那些我们不熟悉，对方又有些职位的情况，可以用老师来称呼。面对领导，就要称呼对方的职务，比如"刘经理""王主任"等等，这是对领导的尊重。

而在私下里，同事之间的称呼就会变得随便一些。比如对于那些男性长者我们可以在姓后面加个"兄"或者"哥"字，也可以直呼为"老兄""哥们"。需要注意的是，使用这些昵称的时候一定要注意场合、把握分寸。

2."早上好"，每天送给同事的温馨问候

> 微笑着主动与每个同事打招呼可以说是必须具备的一种礼仪。
>
> ——佚名

早上到了办公室，当我们微笑着主动与每个同事打招呼，传递给他的信号就是"我的眼里有你"。试想，有谁会不喜欢自己被别人尊重和注意呢？

王珂和孟晨是两个刚刚走进单位的新人，两个人在业务能力上没有什么差别，但一段时间后，王珂已经升迁为部门的经理，而孟晨却还是一个普通的办事员。为什么两个能力差不多的人，却会产生这么大的差别呢？

经过仔细观察发现，原来王珂在进入单位后，尽管是一位新人，但在见到领导和同事的时候都会主动热情地打招呼，因此，给大家留下了一个良好的印象。而反观孟晨，见了领导就躲着走，见了同事也不理不睬，因此在领导和同事的心里难免会留下"不礼貌"的印象。

打招呼是我们联络彼此感情的主要手段，也是沟通彼此心灵的主要方式

和增进友谊的关键纽带。所以，职场新人千万不能轻视和小看打招呼。主动去跟同事打招呼，显现的是我们积极、乐观、主动的态度，可以提升我们在职场中的个人魅力。有些时候，当主动对着迎面走来的同事友好打招呼时，我们能够从他的脸上看出惊喜。

那么，我们如何做到有效地打招呼呢？

首先，我们要积极主动。很多人总认为主动跟同事打招呼就代表着自己比别人低下，事实上你主动打招呼正说明你的乐观与自信。同时又能主动拉近与同事的距离，增进彼此的信任度。

其次，关注那些被冷落的同事。在每个办公室中，总少不了那些被冷落的人。如果我们能够主动对他打个招呼，那么对他来说意义非凡。比如有些同事因为能力突出而遭受到排挤，在办公室里郁郁不得志，这时候我们的问候对他们是一种尊重，他们会珍视这份尊重，说不定在工作中就能够帮助上你。

再次，注意礼节。如果你正在去自己部门的路上，那么在跟同事打招呼的时候，要停下自己的脚步或者放慢自己的行走速度，快步走挥手打招呼那是领导风范；如果我们坐在座位上，跟同事打招呼的时候，不需要兴师动众，微微欠身或者一个微笑即可。如果在室外有一定的距离，可以跟对方挥挥手，让对方知道你在跟他说话。如果遇到同事向你打招呼或者是目光相遇，这时候我们应该适时地点头、微笑，做出必要的回应，装作视而不见是不可取的。

需要记住的是，在和同事打招呼的时候一定要面带微笑。其实，微笑本身就是打招呼的一种方式，但无论以哪种方式打招呼，都应该面带微笑，眼睛看着对方，这样才会给人真诚的感觉，让人感觉你不是敷衍了事。

3. 有了荣耀，归功给大家

> 今天独享荣耀，终有一天会独吞苦果。
>
> ——佚名

有些人往往认为自己在某些工作或事情上付出的功劳多，等到有了成绩就"忘了我是谁"，开始自我膨胀，把别人付出的努力都一语抵消，自己独揽荣耀，在语气和神态上表现出一种目中无人的感觉。你可能因此而满足了一时的虚荣心理，可是慢慢的，你就会发现，同事们会在工作上有意无意地抵制你，不与你合作，让你碰钉子。

严凯瑞在职场上，是一个"推功揽过"的高手，这让他在职场上如鱼得水左右逢源。

年初陪客户的时候，来了一个韩国的客户，偏偏这个韩国客户既没有带翻译，也不会说英语，而公司里谁也不会说韩语，于是平常自学成才的严凯瑞开始用疙疙瘩瘩的韩语与客户交流，竟然也谈成了一笔生意。

而事后当领导在会议上夸奖严凯瑞深藏不露的时候，严凯瑞却把功劳推给了领导："这都是领导平时教导有方，我学韩语也是因为领导在去年年终会议上说年轻人要多学一点东西。"

又有一次，严凯瑞的领导在给大家念一份策划的时候，出了一个小错误，正在领导尴尬的时候，严凯瑞又冲上去，说这是因为自己策划做得不够仔细而导致领导会错意了。这又赢来了领导感激的眼光。

获得了荣耀，也要保持谦卑，甚至要比以前更加谦卑，不要故意拉远自己与同事之间的距离，始终和大家站在同一条战线上，才能不受到排挤。

荣耀不要独享，要懂得分享。在职场，往往是我们一起努力，才能凸显出我们的才能。当我们受到表扬或者得了某个奖项，不妨多说些"我这次的荣誉多亏了大家的帮忙，这里面的主要功劳应该属于大家"这类的话。而且这种"军功章有我一半也有你一半"式的"分享"可以无穷地扩大范围，必要的时候，也可以把奖金拿出一部分请客，这样才更能赢得同事的信任和好感。

4. 主动沟通，迅速提高你在同事中的存在感

> 一个人来到一个新的工作环境，很重要的一件事情就是要学会与人沟通。
>
> ——佚名

当你调到一个新的工作环境中时，要想快速融入新的工作环境，与同事们打成一片，真诚的态度和主动交谈是最良好的方式，比如，在见面时主动友好地点头打招呼"你好"，需要帮助的时候礼貌地请教等，都能让你很快提高自己的存在感。

白娇和赵阳是同时进入公司的。白娇个性开朗活泼，可是有点恃才傲物，几乎没怎么跟同事请教过，她认为凭自己的能力就能够干好工作。

很多同事都不服气，觉得白娇肯定是找了关系，看她那神气样儿，一个新人凭什么趾高气扬的。随后白娇的工作果然出了一点瑕疵，同事们冷嘲热讽，心想终于露馅了。大家都开始疏远白娇，对她很冷淡。

而赵阳则与白娇相反，她在办公室很少寒暄，总是勤勤恳恳低头工作，但在工作上遇到问题，总会向同事请教，所谓"人敬我一尺，我敬人一丈"，其他人都很喜欢赵阳的性格，也都尽力帮助她。所以赵阳很快就跟同事们混得熟了，工作起来是得心应手。

其实，在人们的内心深处，对外来的以及新来的人都或多或少有些排斥心理。如果你聪明的话，首先就要抛开自己对他人的陌生感，主动与同事交流，消除戒备。

一方面，你要多多拜访你的新同事、新上司，多了解新单位的情况，同时也可以和他们聊聊家常、谈谈兴趣，这样说不定就能找到双方共同的话题，在这个过程中你不仅多了一位更加了解的同事，而且还多了一位生活中

的好朋友。

另一方面，你必须专注地投入你的新工作中，主动询问你不了解的工作。比如"打扰一下，我这里有个问题需要解决一下，但……""麻烦你能帮我……"这样的话，你的新同事很快就会接受你、适应你。因为你的拜访说明你对他们有兴趣，愿意和他们相识、结交。同时你专心投入工作，也使他们认为你是个认真的人，并且很喜欢你的新工作，同时也表明你在各方面都力求和他们保持一致，他们会很快消除对你的排斥心理，你很快也就同他们打成一片了。

5. 升职后怎样标榜自己的新身份

当你职位晋升之后，你与同事的关系不可避免是要有所改变的，在处理同事之间关系的时候，不要吝啬自己的口才。

——佚名

在公司时间久了，我们就可能面临着人事的调动。当你被提拔之后，原来的上司或许成了你的同事，而原来的同事成了你的下属，这种变化使得你与他们之间突然有了一种很微妙的距离感。这时你如何说话才能尽快打破这种局面，使他们适应你的新身份呢？

李亮从一个普通职员升迁到部门主管的时候这样对同事们说："说实在的，我以前从来没想到过自己会当官，所以对上边的这个任命，我也感觉挺突然的，如大家信任我的话，我一定争取当好这个官。俗话说：'当官不为民做主，不如回家卖红薯。'我对大家的生活和难处都很了解，所以我希望自己有能力改变这种状况。"

听了这些话同事们爆发出一阵掌声，以前的同事觉得李亮升职后，一点没有"官架子"，还和以前一样有亲和力。

升迁意味着不仅要比从前负更多的责任，更要与旧同事、新下属搞好关系，因此如果你能掌握说话技巧，拉拢人心并不是一件难事。

比如："以前我们大家是同事，在一起打打闹闹，处得非常愉快，现在虽然没有机会多和大家热闹，但我们的关系还和过去一样是平等的，在工作中希望大家支持我""工作之外，和过去没有任何区别，你们有什么意见和要求可随时提出来，有什么建议和不满也随时反映，我一定会尽自己的能力尽快地给予解决"。这些都是很实用的标榜新身份的语言例子。

但你千万不能因为成了领导就盛气凌人，太过高调招人厌，不仅以前的同事疏远你，而且如果得罪了公司的"老人"，他们随便"绊你一脚"，就够你受的，所以，要尽量表现出谦逊有礼。

总之，不管是原来的同事，还是你的新下属，都是你日后的左膀右臂。所以，你切不可妄自清高，忽略了与同事联络情感的言语。

6. 不想树敌，就别在背后议论同事是非

在背后议论别人的私事，是十分让人讨厌的一种行为。

——亨利·卡西米尔·法布尔

最可恶的往往不是你当着对方的面出言顶撞，而是在背后搞小动作。在背后议论别人是非，最容易在办公室里树敌。

在一次公司举办的周年庆典上，张雪只花了半个钟头就与邻座那位穿着

颇华丽的女士聊得火热。

当公司副总经理上台演说时,她凑到那女士耳边小声地说:"那就是我们公司的副总经理,你看他那大腹便便的样子,太让人恶心了,我估计你是分公司那边来的不知道,他很色,经常找一些好看的女职员去他办公室,谁知道他们在那里面干吗,我估计肯定是一些见不得人的事……"张雪说得津津有味,完全没注意一旁那位女士苦笑的面容。

主持人说:"听说您这次带了太太来一起庆祝,可否请您太太一起到台上来?"

张雪正在接着说,那女士笑着说:"不好意思,好像是在叫我,我去去就来。"张雪看着她起身向主持人那边走去,看副总经理那温柔的眼神,张雪险些晕倒在地。他们在上面说些什么自己也没有听,只是心里一直在打转:"完了,完了,这次踩在狗尾巴上了,彻底完了……"的确完了,第二天她就被辞退了。

职场上,千万不要因为与某个同事关系不错,就随便与之咬耳朵。你讨厌谁,便时有时无地在别人面前说尽他的坏话,却不知当你的话传到对方耳中时对彼此造成的尴尬,甚至对方会采取同样的方式伺机报复也有可能,或者让所有人知道你的劣行,排斥你那小人作风,总之日子不会太好过。

既然有些话我们明知道是负面消息,那它所起到的作用必定是不好的,又何必自寻烦恼,自己给自己制造事端?好人缘不是靠讲别人的丑事来献媚就能得到的,要有好人缘就要管好自己的嘴巴。毕竟人无完人,谁没有犯错或做糊涂事情的时候,如果拿那些事情到处宣扬,又得不到什么,还落得个"小人"的称号,可谓损人必损己,又何必呢?

同时,有时候你避免谈论别人,但往往话题会不由自主地找上你,这时候,最好的方法便是拒绝加入其中。

懂得说话之道,就该做一个言行光明磊落之人,唯有行得端,做得正,才不用担心招惹是非,自然也不会有人在你背后故意搬弄是非。只有这样才能拥有更多相信你的朋友,才能让自己更加成熟、机智。

7. 不伤和气地拒绝同事的不合理请求

> 拒绝时，尽量把"不"说得含蓄一些，既表明了自己的立场，又维护了对方的面子。
>
> ——佚名

很多人，因为抹不开面子，对同事有些不合理的请求，也几乎是照单全收。因为不知道如何拒绝，害怕拒绝会给自己带来不利结果。而勉强接受之后，又常常给自己带来了很多不必要的麻烦。

快下班的时候，吴佩接了一个电话，是她在公司里最好的朋友，静瑜哀求着说："亲爱的快救救我吧。赶紧帮我写一个方案，客户一直在催，但我真的没有时间了，跃鹏最近在追我，我也很喜欢他，等下要跟他去吃晚饭了。"

静瑜的嘴巴很甜，可这已经不是第一次求助吴佩了。她总是有很多事情，忙着去约会，忙着处理事情，所以常常把工作丢给吴佩。吴佩很想拒绝，但是静瑜每次都是这样万分焦急地请求，吴佩只能一次又一次答应。

办公室里的同事，需要相互帮助的时候很多，在力所能及的情况下，我们帮助同事是非常必要的，这样做也会给我们带来很多的益处，比如良好的人际关系和高效的工作。但也有一些人，会提出一些不合理的要求，那么怎么办呢？

如果下次你在遇到同事要求你伸出援助之手时，你可以说："其实这件事很简单，你一定可以应付自如的，被我的意见左右，反而不妙。"这番话是间接在提醒他：一个成功人士，必须独立、自信。这样做也不会危及大家的情谊。

我们拒绝的时候，"不"字要说得委婉、含蓄一些，即使是炮弹，也应当裹上糖衣。委婉表达拒绝，比直接说"不"更容易让人接受。当然，你在拒绝同事的时候，除了技巧，更需要发自内心的耐性与关怀，表达友好和善意是我们拒绝时最重要的原则。否则，对方一旦察觉到你在敷衍他，那么，你在同事心中的地位就会下降，你在办公室里的人际关系就会受到伤害。

8. 同事之间不宜"无话不谈"

逢人且说三分话，未可全抛一片心。

——冯梦龙

与同事相处，要讲究分寸。话太少不行，那些少言寡语的人，会被大家看成不合群、孤僻、不善交往，久而久之，你就会被大家所孤立、难以有什么发展。话多了，也不行，容易让别人反感，而且也容易让别人误解，认为你是个轻浮、不稳重的人。所以同事之间不宜"无话不谈"，特别是在涉及个人隐私的时候，更要慎重。

赵明明原来在一家广告公司上班，有一个男同事对她嘘寒问暖，每天都主动跟赵明明说话。在圣诞节那天，男同事请她吃饭，拿出精美的礼物，跟赵明明表白了。

赵明明已经跟男友快谈婚论嫁了，又怎么能接受他。赵明明就说："抱歉，可能你误会了，我已经有男朋友了，而且明年就打算结婚了。"

男同事却说："没事，我只要能一直关心你就很快乐。"

赵明明不知道该说什么好，很快就离开了餐厅。后来赵明明把这件事告诉给一个关系很好的女同事，可是没多久俩人闹僵了，女同事就把赵明明的这些事添油加醋地传播出去，闹得沸沸扬扬，赵明明和男同事都没办法继续干下去了。

以后,赵明明每谈起这件事的时候都会说,有些情感上的隐私千万不能说,说出来就可能给别人和自己造成不可弥补的伤害。

隐私是一件很个人的事情,这种不愿为他人知晓、不便被他人干预或者不便为公众所知晓的心理是很正常的。每个人都有属于自己的隐私和小秘密。也许是过去的一段不堪回首的经历,也许是一次不幸的遭遇,也许是自己做过的一件不光彩的事情,也许是自己内心情感世界的动荡变化……一旦泄露出去,就会对当事者产生各种难以预估的影响或伤害。出于自我保护的意识,我们通常把它深藏在自己的内心里面。所以,一定要保管好你的个人隐私,让它永远成为你心里的秘密。

9. 别倚老卖老,在新同事面前摆老资格

不尊重别人的人,别人也不会尊重他。

——席勒

每个人都有被尊重的需求,当我们倚仗老资格对别人指指点点的时候,别人会有不被尊重的感觉,虽然他们嘴上不会说什么,但是心里肯定是会不高兴的。而且在新同事面前摆老资格,会让自己被孤立起来,给领导留下不团结同事的印象。

肖桐是一家公司的总经理秘书,他个人能力非常突出,有很好的文字能力和沟通能力,又懂得察言观色,所以很受总经理器重。

肖桐一心想要晋升,因此对各级主管都非常尊重,说话的时候都会考虑

再三，生怕自己说错话会给自己的晋升带来不好的影响。他知道这些人在公司里说话都是很有分量的，将来如果有职位空缺，只要是他们愿意说几句好话，自己就十拿九稳可以上位。

肖桐的表现果然是赢得了各级主管的一致好评。没过多久，总经理助理的职位空了下来，肖桐的接任几乎是板上钉钉的事实。万万没想到，最后还是出了变故，原因就是肖桐对新同事的态度。肖桐自认已经当上了总经理助理，说话就开始颐指气使，有时候都不给人留面子。

那天，公司的新员工们在聊着天，肖桐走过来说："公司招你们不是来闲聊天的。"新员工说："我们是新来的，和老同事聊天，熟悉一下工作环境怎么了？"

肖桐说："你一个新人不服气啊？等坐到我这个位置上再跟我说话。"

这件事情过去之后，不知道为什么，提拔肖桐的文件一直都没有下来，他正打算去人力资源部问一问，一纸调令送到了他的面前，他被调回了市场部的基层。

肖桐找到了总经理，他想知道自己为什么没有升职，反而被降了下来。总经理说："你和新同事吵架的事情，我已经知道了，从你的所作所为中，我可以看出你是一个不懂得团结同事的人，如果我把这么重要的职位交给你，恐怕以后我们公司就会人心离散。因此，你还是先到基层再历练一下吧！"

我们是老员工，但是老员工不是资本，我们没有必要因此而对新员工指指点点。很多老员工自认为自己能力突出，但是在单位里没有人愿意听自己的，只有找新同事絮絮叨叨，对他们的工作指指点点，以此来彰显自己的能耐。

有一句描述新员工心态的话"我们需要你指点，但是不需要你指指点点"，身为老员工有责任对新员工的工作进行指导，但是要记住，指导不是监督，我们没有资格对他们的工作进行评价，也没有资格干涉他们的工作。我们对他们的指导要建立在彼此平等的地位上。这样，新同事对于我们的指导才会心存感激，而不是反感。

以平等的姿态对待新同事，给新同事留下一个好的印象，才不会被孤立起来，才能为自己赢得有利于职业发展的人际关系。

10. 得理也要让三分

> 忍一时风平浪静，退一步雨过天晴。
>
> ——《增广贤文》

同在一个办公室里工作，低头不见抬头见，磕磕碰碰总是难免的，如果我们得理不饶人，大吵大闹的话，"有理"也会变成"无理"，最终只会得不偿失，同事们也会因我们的"得理不饶人"而对我们敬而远之。

朱灿是一家公司的小职员，在她们的那个办公室里一共有10名员工，在这样一个简单的环境下，朱灿还是没能赢得人心，原因就在于她的"得理不让人"。

那一天早上，朱灿接了一杯水正往办公室桌前走，同事小刘匆匆忙忙地从外面赶回来，和她撞了个满怀，结果一杯水就倒在了她的身上。小刘见状，一边扯过纸来给她擦，一边忙说："对不起，对不起，今天起来得有点晚，差点迟到，撞到你真是不好意思。"

朱灿大声地喊："你怎么回事，走路不看着点，跑那么快干吗呀，前面又没有钞票让你捡。"小刘愣了一下继续说："真是对不起，要不，我晚上回去的时候把你的衣服带回去洗？"

朱灿"哼"了一声说："谁稀罕啊。"然后往自己的办公桌前走去。本来事情就这样完了，谁知道朱灿又嘟囔了一句："走路不长眼。"

这下子小刘忍不住了："我都已经给你道歉了，你还想怎么样啊？"朱灿反唇相讥道："你冲我喊什么，你不对在先，还好意思喊。杀了人之后再道歉有用吗？"小刘说："有那么严重吗？不就是一点水吗？"朱灿又说："什么叫有那么严重吗？要不我泼你一下试试。"

　　周围的同事纷纷过来劝，但是朱灿就是不理会，眼看到了上班的时间，朱灿还在那里嘟嘟囔囔。这个时候经理过来了，把她们两个狠狠地批评了一顿。之后，经理找人了解情况，同事们把事情说了之后，经理也认为朱灿有点小题大做，同事们更是不愿意再和朱灿说话。

　　办公室里，引起同事间摩擦的通常都是一些鸡毛蒜皮的小事，根本就不值得大吵大闹，更没有必要非要分个谁是谁非，让一步，大家还能够和平相处；争一步，则失掉人心。

　　在处理与同事摩擦的时候，一定要保持理性，千万不能因为自己占住了理就盛气凌人。当我们以为我们的不依不饶赢得了面子的时候，不仅失去了被我们损伤尊严的同事的好感，同时也失去了其他同事的好感，他们会认为我们是一个不给人留余地的人，是一个很难相处的人。当这些言论传到上司耳朵里的时候，我们同时也会失去上司的好感。

11. 装傻回复男同事的荤段子

> 　　我们不能一听到同事讲荤段子就大发雷霆，也不能任同事随便地将这种笑话开下去，而是要采取一种合适的策略，既能制止同事又能不伤大雅。
>
> ——佚名

　　职场女性难免会听到或者遇到来自男同事们说的黄色笑话或者是开黄色

的玩笑,尤其是那些长得漂亮、性格外向的职场女性,遇到此类情况就更多。那么,当职场女性遇到这种情况时,怎样处理才能既不伤大雅又不被卷入进去呢?

张淼在毕业四年后终于找到一份自己心仪的工作,在一家报社做副刊编辑。去后不久,与同事一起策划了一些很有影响的专栏文章,工作中大家相处甚欢。

可办公室同事之间开玩笑非常随便,工作之余,男同事总是对女同事大献殷勤,什么"我爱你""我暗恋你好多年了,给我一次机会嘛""还不趁着现在有几分姿色,放一下自己的'飞鸽'"……听得张淼浑身起鸡皮疙瘩。

而每天午饭后,那几个男同事说的荤段子更是令她愤怒不已。虽然不愿听,但初来乍到的张淼也不好发作,只能干咳两声,可他们不仅不收敛,还有意把声音提高,好像偏要说给她听似的。

实在忍受不了的张淼,总是冰着脸,甚至在他们说黄色笑话的时候,愤然摔门而去。久了,她也知道他们只是嘴上说说而已。但张淼天生内向、腼腆,听不得他们这样打情骂俏,心中的不快也写在脸上。后来,张淼隐隐约约地听到一些男同事在背地里叫她冷美人,她也并没有理会。

后来张淼越来越感觉,有些男同事在工作中从不正眼看她,也很少和她交流,甚至故意不配合她的工作。工作环境也再没有以前那种轻松愉快的氛围。每当工作之余,本来同事们聊得正欢,只要一见张淼出现,他们便赶紧打住。

男人说黄色的笑话是很正常、很普遍的事情。只要不说得太过分,就不要为之发火。不妨可以装傻,装着什么也没有听见,他们说他们的,不必给予理睬。

不理睬并不意味着见他们说这种话,就板着脸,可以稍带微笑。但是千万不要去搭腔,听后随便一笑了之,该去做什么就去做什么。这不但可以显示出你的随和,还可以让人感到你是神圣不可侵犯的。

或者，你可以换个话题，找他比较关注或者他比较敏感的话题呛着说，他会立刻过来反击，打乱了他原来说话的氛围，他就不会再接着说了。也可以发挥女生的优势，在他们说的过程中，温和地骂上他们几句，或者说几句"真不像话，赶紧工作吧！"总之，不要去发大火。

但是如果遇到那种特别过分又屡教不改的人，那就只好动动脑筋，用点小计谋整整他了。比如，联合其他女同事，当他对其中一女同事说时，当事者装听不懂大胆问他一两次：你说是什么意思？再由旁边另一女同事问他：你总对她开玩笑，怎么，喜欢她？久而久之，男同事必会识趣而退。

如果这个人素质修养欠佳，对这样的人，当他说些黄色笑话的时候，最好的办法就是不回应，不笑，不怒，用眼睛严肃地看着他，时间要够长，若能让他被你看得把目光移走，最多两次，他就再也不敢在你面前说了。

12. 关于谈论工资那点事儿

> 讨论薪水高低所带来的后果是：无论怎样，永远都会有一个赢家和一个输家，总会有人感到自己受了伤害。
>
> ——比尔·科雷曼

"这个月你拿了多少奖金？""你的底薪涨了多少？""你最近涨工资没有？"发工资的日子，办公室里经常会听到这样轻声的问话。

别以为不过是悄悄打听一下收入没什么大不了的，表面上看是无伤大雅，实际上却无形地把我们个人的品质、本性、人格折射了出来，轻则影响与同事的关系，重则破坏我们在上司眼中的形象。

徐靖来到上海一家传媒企业实习，转正后，第一个月有3000元的收入，这让徐靖心有不甘。她急切想知道自己的"钱途",可一跟别人提起工资,同事们就跟她打起了太极:"公司不准打听工资。""部门不同,都不一样的。"徐靖虽有心试探,但却苦于无计可施。

徐靖想,他们不告诉她,她还不会自己去查吗?他们每月15日发工资,人事部门都是把员工的工资单装在信封中,然后放在每个人的桌子上,但信封并不密封。徐靖趁没人留意的时候,偷偷拆开同事们的工资单,瞄了几眼。

真是不看不知道,一看吓一跳。徐靖发现在单位干了5年的同事,居然没有干了3年的同事收入高,而且有人会有服装费、交通费的福利补贴,而有的人每月只是一笔死工资。

徐靖更加好奇了,去跟那些工资高的同事去请教,结果同事质问她为何会知道自己的收入,而有的则在听到另一个跟自己同样职级的员工的收入比自己高时惊得一呆,拂袖而去。

原来的秘密,如今尽人皆知。同事们私下碰头对质后,发现传播源头来自徐靖。不少人向人事部门投诉,徐靖很快接到了人事部门的警告,而且还罚了款。虽然公司并没有开除徐靖,但同事们对她再也没有以前的热乎劲了,部门气氛也没有以前那么轻松,很多人看到徐靖就躲。如今的徐靖上班连个说话的人都没有。她觉得这份工作实在无味,只好换工作了。

许多公司禁止同事之间讨论薪水的问题,不会公开薪金数额,还要叮嘱每个员工对自己的薪水金额保密。同工不同酬是老板常用的手段,用好了,是奖优罚劣的法宝;但它又是一把"双刃剑",用不好,就容易引发员工之间的矛盾,而矛头最终会指向老板,这当然是他所不想看见的,所以对包打听之类的人总是格外防备。

许晴即将进入一家大型物流公司工作,她姑姑告诫她一定不要询问其他同事的工资情况,踏踏实实做好分内的工作就好。

刚发完工资,大家私底下都在互相询问,可刘莉发现许晴没有跟她们一样,而是像平时一样老老实实地对着电脑工作。

"许晴,你不好奇他们都发了多少工资吗?"跟她同时进来公司的刘莉问道。

许晴说:"工资多少跟我们自己的努力分不开,别人拿得高也是他们能力强,没有必要知道。"

听许晴这样说,刘莉赞同地点点头,不再与别人讨论,也回到座位工作。

别人的薪水与我们没有任何关系,发多少薪水是老板对一个人的劳动价值的肯定。同一个办公室,同一个部门,工作性质相同,但每个人实际情况不同,薪水自然也就有了差距,去打听别人的薪水只会让自己不痛快。

当对方把话题往工资上引时,我们要尽早打断他,说公司有纪律不谈薪水;如果不幸他语速很快,没等我们拦住就把话都说了,也不要紧,要委婉地岔开话题,如果对方一意孤行,非要打破砂锅问到底,那么我们对询问薪水的人答复:"大家都差不多""刚够我活着""少得可以去非洲当难民了""多得可以当世界首富了"。

总之,自己的薪水要保密,否则很容易得罪人,更不要去打听别人的薪水是多少,以免引来不必要的麻烦和烦恼。

13. 借给同事的钱,怎么要回来

巧妙的拒绝,是人际关系中的一门艺术。

——佚名

在办公室中,许多人都遇到过同事来借钱,如果不借,面子下不来;借吧,万一遇到拖着不还钱的同事怎么办?催也不是不催也不是,若有其他同事在其中说几句闲话,局面可能就更尴尬了。

郑小艾拿出这几个月的积蓄换了个苹果6,没到月底,钱包就空了。于是,她向同事周晓芸开口借2000块钱。

郑小艾和周晓芸在一个部门工作,平日大家关系都不错,郑小艾第一次开口借钱,周晓芸自然不好拒绝。

周晓芸帮郑小艾解了燃眉之急,郑小艾一个月的工资还不到4000块,借来这2000块钱哪能一时就还清啊,郑小艾只好一次次厚着脸皮请人家宽限。

有一回,周晓芸说:"我不着急,前几天给女儿交补习英语费倒是用钱,不过我已经凑上去了。"

郑小艾连声道谢,刚要转身,身边一个女同事说:"小郑啊,你怎么听不懂人家的意思呀,人家是在暗示你还钱呢,再说了,你满身名牌会还不起这2000块钱?"

郑小艾一听,心里别提多不痛快了,周晓芸也觉得很尴尬。本来是好事,可是却弄成这样,虽说郑小艾好不容易还了这笔钱,但郑小艾在办公室也留下了不良的口碑,周晓芸心里也一直不舒服,每次见了郑小艾,就像欠了她似的。两人的关系也大不如从前了。

钱借出去后,如果对方不小心忘记了或者从不主动提起,作为借钱的人,想要回就很难开口了。

如果真的忘记还钱,我们又不好意思直接提醒,可以采取间接提醒的方式。比如,当着借我们钱没还的同事面说:"我欠某某的钱还没还呢?"这样,当事人有可能就被提醒欠钱的事情了。如果当事人仍未想起,那我们就只有"直言不讳"了。

"同事"是以挣钱和工作为目的和我们走到一起的战友,尽管比陌生人多一份关联,但终究不像朋友有着互相帮持的道义,离开了我们的办公室,还是要各奔东西的。所以我们如果不想和同事的关系错位或变味,就尽量不要把钱借给同事。

第五天

口才训练仅需10天

爱的语言，聊出来的浓情蜜意

1.满足的话越说越幸福

> 所谓幸福的人,是只记得自己一生中满足之处的人;而所谓不幸的人只记得与此相反的内容。
>
> ——荻原朔太郎

现代婚姻之所以平淡,是因为我们已经丢失了知足的心,为着事业、家庭身心疲惫,在忙碌中迷失自我。

幸福的婚姻虽然离不开物质,但更离不开的是一颗知足的心。经常表达对已经拥有的感到满足,你会发现原本不那么完美的生活其实也不错。

文文到一个闺密笑笑家玩,闺密家的大别墅非常大,房间装修豪华之极,躺在超大超软的床上,文文想起了自己不大的家,和自己的老公。

等到回家后,文文到家的第一件事就是直奔卧室,躺在自己温暖的小床上。老公问道:"是坐火车累了吗?"

文文说:"你知道我在笑笑家睡觉时在想什么吗?"

老公非常臭屁地说:"肯定想我呗。"

文文说:"你别自恋了,我最想的就是咱家这张床,睡来睡去,还是这张床最舒服。"

老公也笑了:"是啊,金窝银窝不如自己的狗窝。"

文文继续说道:"虽然咱家床不大,也不那么软,但是咱们一起攒钱买的,睡在上面最舒服。咱家的面积也不大,可这是世界上最温暖的地方。更重要的是这房间里有你,就充满快乐,无论走到哪去都不如有你在的家里。"

老公听后,深深地抱紧文文,轻声地说了句:"老婆……"里面包含的是感激和深情。

如今，我们的房子变大了，时间却不够用了；我们的收入及财富增加了，真正得到的快乐却有限，内心的世界反而日益空虚。生活消磨掉婚姻的激情并不可怕，可怕的是我们没有了表达感动心情的意愿。

婚姻中的幸福其实并不需要那么多，它需要的只是你多关注自己拥有的，并把自己的感受告诉伴侣，增进夫妻感情。

2. 夫妻之间最暖心的一句话——"你辛苦了"

> 人无论外表是多么的坚强，内心深处都有柔软的一面。每个人在虚弱的时候都需要他人安慰的抚摸，需要他人温柔肯定的言语。
> ——佚名

在夫妻之间，一句"你辛苦了"这会让接受者感到很幸福、很温暖，让他的疲惫消失殆尽。同时这一句话表达的也是你对他的深深理解、深深爱意，让他感到即使再辛苦也是值得的。

庄琳在一次上班的路上出了一点小车祸，虽然不是特别严重，但是伤及筋骨，医生说起码要休养三个月才能下地行走，于是家里所有的事情都落在了丈夫王涛一个人身上。此时又正逢王涛他们公司提拔经理，王涛和另一名同事是热门人选，所以两人在暗中较劲。

背负着工作上的巨大压力，回到家还要照顾妻子的饮食起居，王涛一下子憔悴了许多。看着眼前丈夫忙碌的身影，庄琳哽咽着对丈夫说道："老公，都怪我不好，才这么几天你就瘦了那么多，一定很辛苦吧！等我好了，

第五天 爱的语言，聊出来的浓情蜜意

一定会加倍补偿你的！"

看着一脸心疼的妻子，王涛说道："老婆，有你这句话我就知足了，只要你好好的，再辛苦我觉得也是值得的。你放心吧，这点困难我还能应付过去。"王涛顺利当上了经理，业务比以前更加繁忙了，但是照顾妻子、家务活他一样都没落下。

不久，庄琳终于恢复了。于是她天天给丈夫做好吃的等他回来，接过丈夫的外套时都会拥抱丈夫，并对他真诚地说上一句："老公，辛苦了！"妻子的这句话给了王涛无限的动力，不仅在工作上越来越出色，生活中，即使再忙，他也会抽出时间陪妻子。

庄琳的一句"你辛苦了"就像是放了蜂蜜的红糖水，能够甜到男人心里，给王涛注入无限的活力。有时候就是这么简单的几个字，比你为他做再多的事情都能鼓舞人心。可是生活中，有很多人认为对对方的体贴是不需要表达出来的，只要在行动上表现出来，就能达到鼓励和安慰彼此的目的。

其实这种想法也很有道理，但你有没有尝试过对做了一天家务的妻子或上了一天班累得够呛的丈夫说声"你辛苦了"，当"你辛苦了"这三个字从心爱的人嘴里说出来的时候，他会觉得比"我爱你"还要来得动听，他就不会再感觉到疲倦。

试想一下，当你下班回来时，你的妻子为你端上可口的饭菜，递上清香的茶时，同时她面带笑容地说"你辛苦了，吃吧，但愿合你胃口"，想必当你看到这甜美的笑容和听到这无比温馨的言语后，你一定会对将来充满希望，迫不及待地想回报更多的爱给她。

3.你也许是对的，但错在你大声喊

有些时候，就是因为说话声高了，有理也变没理了。

——佚名

在恋爱和婚姻中，每个人或多或少都会犯错误。小到生活习惯的毛病，大到一些原则上的问题，比如出轨等。就算对方犯了错误，你也不要控制不住自己的情绪，大喊大叫，申诉自己的不满和愤懑。

张若琳受好友丹丹的邀请来到她家做客，两人寒暄过后，丹丹就开始向老朋友哭诉自己生活的不幸，她说丈夫总是和自己作对，不管自己说的有没有道理，丈夫永远认为她是错的。丹丹提到丈夫的许多缺点：太邋遢，好抽烟，丢三落四。这些都是屡教不改，还说丈夫从来没有认真听过自己的建议，总是自作主张。张若琳觉得好友说得有道理，不明白做丈夫的为什么不能迁就林丹一下。

正当张若琳同情好友时，丹丹的丈夫回来取一份早上忘记拿的文件，丹丹看见丈夫又粗心忘记拿东西了，立刻跳了起来，对着丈夫大声喊："你就不能长长脑子啊，怎么总是丢三落四的？今天丢钥匙，明天丢文件，会不会有一天把脑袋也丢了啊！"丈夫都走出门了，丹丹还冲着门外喊。张若琳看着这个因一点点小事就大亮嗓门的好友，终于知道她的丈夫为什么不迁就她了。

夫妻闹矛盾时，总是站在自己的角度看，抓住一点小事没完没了地宣泄自己的不满，最后，令争执升级为"战争"，造成严重的后果。夫妻吵架，公说公有理，婆说婆有理，就算你是对的，大声喊就是你的不对了。

既然恋爱的时候可以温言软语，结婚后，对方做了错事，为什么一定要用激烈的态度对待对方呢？夫妻之间更应注意说话的方式，两个人相爱不容易，不要因为一些小事而对彼此横加指责，大喊大叫。要知道，当你提高分贝，你的态度和语调不自觉地就会带有攻击性，也许你的观点都是对的，可是你的表达方式却让你的爱人难以接受。

事实证明，大吵大闹不能解决任何问题，不仅收不回爱人的心，反而还会把他拱手推出心门之外。冷静下来想一想，谁不会犯错误呢？而且任何人犯了错，心里都是有愧疚的，如果你得理不让人，大吵大闹，反而会让他心生叛逆。所以，不如装一装傻，宽恕了他，他也会自知理亏，感激你的宽容大量。

4.相爱再多也需要彼此尊重

婚姻的基础是爱情，是依恋，是尊重。

——列昂尼多娃

我们对同事、一般朋友或者是陌生人都能够做到说话有礼貌，尊重对方，但在自己的爱人面前一些人反而做不到这一点。恋人或者夫妻之间，感情深厚，关系亲密是不假，但不能因为关系亲密而太过随便，说话没遮没拦，不尊重对方。

张亚楠的男朋友是一个典型的大男子主义的人，刚开始张亚楠因为这样的男子能够带给自己安全感，还非常欣赏这一点，可是张亚楠渐渐发现，大男子主义的男友非常不尊重自己。

为了在圣诞节的时候给男友一个惊喜，张亚楠特意去烫了头发。等欢欢喜喜去赴约时，男友发现她烫了头发，脸色立刻由晴转阴，有些不悦地说："你要烫发为什么不提前跟我说？"

"人家想给你一个惊喜嘛！"张亚楠撒娇地说道。

没想到男友没好气地说："你看看你那破头，跟方便面似的，看着真难受。"说完自顾自地向前走去，张亚楠生气极了，心想：真是好心没好报，提前告诉你不就没惊喜了吗？烫头发这么小的事也要管，为什么不考虑一下我的感受？

还有一件事也是张亚楠受不了的，那就是男友不喜欢她交异性朋友，连异性朋友打个电话他都会不给好脸色看。当张亚楠不满他阻拦自己和异性朋友的聚会时，他会说："你去什么去？不许去，给我老实待在家里。"丝毫不顾及张亚楠的感受。

很多人在家中对另一半习惯于发号施令，总是说"不能那样做""要这样做"，丝毫没有商量的余地，这是不尊重人的行为。遇到对方心情不好时，这些话往往会成为"战争"的导火索。

尊重是婚姻的护身符。在生活中，一定不要轻易否定你另一半的想法。要知道爱的前提是给予对方尊重，连对方的想法都不尊重，又谈何珍惜和爱？当你与对方发生分歧时，你可以换成另一种口吻说："今天烫头发，怎没叫上我去，可惜啊！让我错过了你变化的过程。""你认为这样做行吗？""我想应该是这样的，不知你同不同意啊……"与其因为你的不礼貌而引起一场争吵，不如换一种和气的话语，这样既维护了对方的自尊心，又易于让他接受你的意见。

相互尊重是两个人相爱的重要基础。说话的时候，如果经常说一些带有侮辱和轻视性质的话，或者总是提起对方不愿提及的事情，对方的自尊心就会遭到你无情的打击，再深的爱情也经不住如此的消磨。

5.有不满，也绝不随意指责

> 有时候，你内心里并非对自己的爱人有太大的不满，但是你不假思索地说话，会让爱人的耳朵不舒服。
>
> ——佚名

许多人认为，恋人、夫妻之间的相处就应该坦诚相见，说话应该直接一点，不能太过含糊曲折。但是事实却不尽是这样，有的时候，你一句无心的直言，却让双方都会感觉到不舒服。直来直去能够准确地表达出自己的立场，却不能够准确地传达自己的感情。

有一次，林建龙和王娜两口子一块去逛商场，王娜看中了一套新奇的厨房小家电，越看越喜欢。但是这套小家电价格昂贵，王娜犹豫着到底要不要买，于是征询丈夫的意见。

林建龙看见妻子又要"败家"了，就想阻止她这不理智的行为。他知道如果说这套家电不值那个价钱，无疑是否定了妻子的品位，一定会适得其反的。于是他顺着妻子的想法说："这套家电确实很有意思，老婆就是心思巧，只是，咱家的厨房家电已经有很多了，还有几样都没怎么用过。老婆，你不能喜新厌旧哦。不过，到底买不买，由老婆做主。"

王娜听了之后，对丈夫的夸奖和建议欣然接纳，拉着林建龙离开了那里。

丈夫只是转变了一下态度，委婉地表述，妻子就听从了丈夫的意见，并没有丝毫不快。试想一下如果丈夫说"都有了，还买啥！就知道花钱"。话说得这样直来直去，势必会使商场成为夫妻吵架的战场。

夫妻之间的交流是一种艺术，要学会绕个弯子表达自己的态度，尤其是当对方表达的是一片爱意，就更不能随意指责。

著名大科学家居里夫人和丈夫皮埃尔非常恩爱。有一次居里夫人过生日，皮埃尔为了表达对妻子的爱，用一年的积蓄买了一件名贵的大衣送给她。

居里夫人看到这件奢华的大衣非常矛盾，她对自己丈夫的爱非常感动，可是又觉得花那么多钱买大衣太奢侈，她平时节俭惯了，钱都用来做实验了。居里夫人想了想，说："亲爱的，谢谢你。这件大衣是任何女人见了都会喜欢的，不过我要说幸福是讲内涵的，只要我们永远一起生活、奋斗，这比你送我任何贵重礼物都要珍贵。"

皮埃尔也是聪明人，懂得了居里夫人的意思，更对她的节俭体贴感到欣慰。

当对方表达爱意，却遭到你一顿奚落，心里该是多么难受。比如，他情人节送你一大束玫瑰花，就算你觉得情人节买玫瑰就是挨宰的节奏，也不能表现出来。买都买了，不如欢天喜地地先接受，然后再委婉地表达自己的想法。

当我们想表达自己的观点之前，不妨先思考五秒钟，绕一个弯子，换另外一种动听的方式表达，你的爱人也会以同样动听的方式回应你。

6.把命令换成和颜悦色的商量

> 既然你爱他，就不要让他不开心，在说一件事的时候，最好把溜到嘴边的命令咽下去，换成和颜悦色的商量。
>
> ——佚名

在一起的时间久了，相爱的两个人之间也不分你我，这就导致说话时的语气变得生硬直接，甚至以命令的口气和另一半交流。婚姻不是军营，需要的是柔情而不是命令，用命令的口气吩咐对方，只会让对方觉得不受尊重，还会产生逆反心理，造成双方之间的不愉快。

高馥蕾的丈夫患有胃病，一次到吃饭的时候了，她的丈夫还在工作，虽然她很心疼和关心丈夫，专门给丈夫煲了汤，但她却在叫丈夫吃饭的时候说："别磨蹭了，你有胃病不知道？小心胃病更严重。"

一句话说得她丈夫脸色铁青，两个人为这一句话大吵了一架，事后高馥蕾觉得自己很委屈。其实如果她能够温柔一点，礼貌一点，对丈夫说："赶快来吃饭吧，胃不好更要准时吃饭，更何况我给你煲了养胃的汤。"意思一样，但她的丈夫就会感动不已，而前一句只会让丈夫恼火至极。

经常用命令这种不平等的发号施令只会令对方反感。很多夫妻之间说话都不考虑自己的语气会给对方带来什么样的心理感受，像"去把垃圾倒了""去给我倒杯水""这件衣服很难看，不许买"之类的话往往不经思索就脱口而出，一次两次还好，时间长了，对方难免会有怨言。

在说话的时候，不妨变命令为协商，我们常说"相敬如宾"，在夫妻关系中，把一些命令的句子变成商量的口气表达给对方，对方会更容易接受。我们可以这样和自己的爱人说："亲爱的，我现在忙不过来，垃圾桶满了，你去倒了怎么样？""我有点口渴，帮我倒杯水好吗？""亲爱的，你看，这件大衣你穿起来显得很臃肿，还不如你那件外套好看，咱们去别处看看吧！"这样，爱人自然会乐于接受。

7. "都怪你"——责怪会使夫妻感情疏远

> 人们日常所犯最大的错误，是对陌生人太客气，而对亲密的人太苛刻，把这个坏习惯改过来，天下太平。
>
> ——亦舒

婚姻生活琐碎平淡，对方的各种小毛病、小错误也经常让人心烦意乱。其中，固然对方有错，也不能时时刻刻将责怪和批评挂在嘴边。"全是你的错""都怪你"这样的话千万不要时时刻刻挂在嘴边。

有一次，张阔下班回家关门的声音太响，妻子温心听见后就对他说："不想回家就别回来，别一回来就摔门。"于是，两个人就开始互相指责对方的不是，没完没了地吵起来。

心情本来就不好的温心见丈夫对自己有那么多不满，心想：工资没我拿得多，大部分家务也是我来做，还这样说我。于是温心火了，尽拣难听的话说。

"你有本事别让我们住这破房子啊！让你给领导送礼你不听，最后只分到这么一套老房子。咱们家没钱，还不是因为你蠢，总被别的同事算计，自己还蒙在鼓里，还给人家帮忙，真怀疑你是不是长了个猪脑子！都怪你！"

张阔受不了妻子这么刻薄的话，反击道："好好好！都是我的错，你什么都是对的，行了吧？"说完就摔门出去了。

夫妻反目，最大的诱因就是将爱意化作利箭射向对方。一句责怪，可能说的人并不放在心上，听的人却倍受打击。而责怪另一半只能收获对方的回击，这样下去，自然争执越来越大，直到双方在情绪激动的情况下做出一些有失理智的事情。

如果说婚姻是一台机器，责怪就像粗糙的沙粒，一旦沙粒进入机器内部，会慢慢地磨损机器的零部件，日久天长，机器哪有不坏的道理？所以，如果一方所犯的不是实质性、原则性错误，大可不必动怒指责。

比如，丈夫每天总是很晚回家，而且都身带酒气，妻子当然不满意。如果妻子说："你还知道回家呀？死外边得了！"一场口角就在所难免。

反之，如果妻子改换另一种方式说："我知道你最近工作很忙，应酬很多，每天不能按时回家。孩子可想你啦，老是问：'爸爸怎么还不回来呀？'这不，孩子睡着了，刚才在梦中还念叨你呢！以后尽量早点回来，和孩子在一起玩玩，要不孩子都和你生疏了。"相信这种方式肯定比前种方式效果好得多。

再比如对方做饭时，没有留心，结果把菜烧糊了，弄得满屋子都是糊味，这时懂得心疼对方的人会说："你没怎么样吧！别着急，糊了就糊了，千万别把你给烫伤了。"这句话要是让对方听见，那该有多暖心，而且对方必定会欣然接受自己的失职，今后也必定会多加注意的。但如果换成"都怪你！呛死我了"的话，一场战争肯定是避免不了的。

真正懂得经营婚姻的人都不会对自己的另一半吹毛求疵，横加指责，他们会以一颗包容的心原谅另一半，并且还懂得运用说话技巧，让对方心悦诚服地改正错误。

8. 甜言蜜语巧出口

在最亲密、最有爱、最单纯的关系中，阿谀或称赞也是不可少的，正如要车轮转得滑溜，膏油是少不了的一样。

——列夫·托尔斯泰

俗话说："女人是属蜜蜂的。"女人有爱听温柔、甜蜜语言的天性。沐浴在爱河中的女人的字典里，是永远没有老套的字眼的。当然了，这并不是说，只有女人才喜欢甜言蜜语，男人有时对甜言蜜语也是十分受用的，铁汉也有柔情的一面。

美国有一对夫妻，扎克和詹娜结婚8年了，可是两个人不善于表达，扎克甚至都不愿意向妻子倾吐自己的爱。詹娜也经常背地里抱怨扎克不够关心她。在结婚纪念日那天，扎克喝了点酒，终于鼓起勇气，说出了对妻子的爱意与感谢："相信我，你就是世界上最不平常的女人，我们的家全靠你在打理，我爱你，詹娜。"

詹娜激动不已，她也诉说着对丈夫的爱。从此，扎克一有机会就表达自己的关心与爱意，两个人的感情越来越深。

在两个相爱的人之间，情话无疑是最好听的语言，而这种好听的话永远都不嫌多。有人说，情人的话是最不值钱的，又是最值钱的。当两个人结了婚，开始漫长的生活后，每天沉浸在柴米油盐的忙碌之中，多说一点恋爱时那些情话，更能激起夫妻双方的感情。

美国加州医学院精神与心理临床研究专家巴巴克说："对许多妇女来说，谈爱与感受远比性更重要。尤其对那些忙于家务、整天带孩子的妇女来说，更是如此。那种巧妙的、带刺激性的私语往往使她们获得真正的快慰。"就像我们经常看到那些既和睦又欢快的小两口时，都会羡慕不已。而如果我们深一步了解的话，就会发现对方的老公都有一张"巧嘴"。

9. 昵称传达恋人的浓情蜜意

> 不管是耳边细语还是尽人皆知，爱称的共同作用就是把两个单独的"我"变成一个彼此连接的"我们"。
>
> ——罗伯特·内伯格

恋爱中的男女常常会用昵称来表示爱意，比如：两个人相爱，男孩叫女孩"宝宝"，女孩叫男孩"乖乖"，这样从称呼上就洋溢出一种十分甜蜜的味道了。爱情的璀璨是需要这样的昵称来做点缀的，切不可因一时的疏忽，而错过了表达自己深情的机会。

一天，男人出差办完了事，买好回家的飞机票后，到邮局给妻子发电报。电文写好后，他交给女职员，结果在付钱的时候，他发现自己身上的钱不够了。

于是，男人对女职员说："我带的现金不够了，请把'亲爱的'这几个字从电文中去掉吧。"

"不！"女职员说着打开自己的手提包，掏出钱来，说："这个称呼对于做妻子的来说相当珍贵，是女人们盼望从老公那里得到的，让我来为'亲爱的'这几个字付钱好了。"

生活中，总有人会忽略了这一点，从相恋到结婚，彼此间的称呼越来越随便，最后只发展成用一个"哎"或"喂"来代替，少了爱情的亲密，因而影响到了两个人的关系。

其实，恋人之间的昵称是非常重要的，现在的年轻人都是朝气蓬勃的一代,他们崇尚爱情、追求浪漫,更是将对方的昵称发挥到了极致。可以说,昵称是伴侣文化的一种创建方式,它给予双方一种神秘而美好的感觉。一般来说,爱的昵称越特别,越能增加爱人之间的默契度和幸福感。所以要想让感情不断升温,就要学会使用昵称传达出你的柔情蜜意,那么,就会有数不尽的美好和浪漫在等着你。

10. 含蓄的表达爱意会有更好的效果

真正的爱往往表现在恋人对他的偶像采取含蓄、谦恭甚至羞涩的态度,而绝不是表现在随意流露的热情和过早的亲昵。

——佚名

当你爱上一个人的时候,就应该大胆地说出你的爱,但是大胆地说出来并不一定要直截了当地表达,很多时候含蓄地表达爱意会有更好的效果。这种方式发出的信息比较模糊,不至于对方一拒绝就无法挽回。即使被拒绝,也不至于使双方都尴尬。

安娜是陀思妥耶夫斯基的速记员,她非常崇拜陀思妥耶夫斯基,所以工作非常认真。陀思妥耶夫斯基完成《赌徒》的书稿后,他与安娜日渐接触,逐渐爱上了安娜。但是他不知道安娜的想法,所以把安娜叫到办公室。

陀思妥耶夫斯基对安娜说:"我最近又在构思一部小说。"

安娜:"是一部有趣的小说吗?"

陀思妥耶夫斯基:"是的,但是小说结尾还没有想好,我把握不住一个年轻姑娘的心理活动,所以只好有求于你了。"他继续说道:"小说的主人公是一个年纪很大的主人公……"

陀思妥耶夫斯基描述着主人公的坎坷命运，其实他就是在说自己。安娜打断了他，说："好了，我非常同情这个主人公，他很善良，他内心充满爱，而且渴望爱情。"

"你真的这样想吗？"陀思妥耶夫斯基很激动。

安娜明白了，知道他们并不是在谈论文学，她说道："如果我是那个女主人公，我就会告诉他：我爱你，而且会爱你一辈子。"

陀思妥耶夫斯基向安娜表达爱情的方式可谓是经典之作。无独有偶，在中国也有不少这样的故事。大家所熟知的梁祝就是很典型的例子。祝英台回家，梁山伯十八里相送，走到湖边，英台望着水中的两只戏水鸳鸯，对梁山伯说："梁兄，你看那水中的鸳鸯，你我就好比那一对戏水的鸳鸯……"祝英台借助水中鸳鸯的形象，委婉地表达了自己对梁山伯的爱意。只可惜梁山伯是个"木头疙瘩"，白白浪费了祝英台的一片苦心，直到见到英台身着女装，才恍然明白。

现代男女尽管崇尚率真和自由，但在恋爱交往中也经常运用含蓄的表达方式来传达爱意或者化解分歧。不论对于哪一种情况，这样的表达方式都显得韵味十足，微妙至极。

爱情的魅力很大一部分都在于这种"犹抱琵琶半遮面"的朦胧中，不用担心你的他不明白你的用意，他对爱情的敏感绝对超乎你的想象。所以，有些话大可不必说得太透彻，只要表达出你的爱意就好。这样让人心动的语言，亲爱的，你领悟了吗？

11. 赞美越多，爱情越甜蜜

魅力是为远处的赞美而存在的。

——塞·约翰逊

第五天 爱的语言，聊出来的浓情蜜意

男女之间的感情桥梁是用赞美搭建出来的。恋爱中的男女不仅喜欢听别人的赞美，更想听到对方的夸赞，因为那意味着恋人对自己的欣赏与肯定。所以恋爱中的人，一定不要吝惜你的赞美，要多找机会赞美你的恋人。

唐海与李晓月是一对小情侣，他们虽然不像有些情侣整天出去游山玩水、逛街，但李晓月每天过得都特别开心，每天都洋溢着笑容。李晓月之所以有这样好的心情，全是因为唐海那张会夸人的嘴巴。每天唐海与李晓月见面时，唐海都会说一些夸晓月的话："今天你穿得真漂亮。""你的眼睛好美丽"……虽然李晓月知道自己有些地方不符合唐海说的，但听了他的赞美之词，每次都特别开心。

所以，如果你想夸赞你的伴侣，那么就尽管大方地去夸奖她，如果女友新换了一套衣服，希望得到你的称赞，你就说："这套衣服简直是专门为你设计的！""你今天太漂亮了。"但千万不可乱用比喻，既惹女友不高兴，又显得自己说话没水平，在女友的心里留下不好的印象。例如，有个小伙子为了夸奖女友的穿着皮草很有野性美，竟说："你穿上这一身就像动物园里那只大老虎。"女友听了男友说自己像动物，一气之下，好久没有理小伙子。

由于男人和女人所喜欢的赞美方式不太一样，所以在语言方面就要区分开来，把握好赞美的方式和度。心理学家经过研究发现，女性的神经要比男性更脆弱，更注意直觉，同时语言的接受和反应也比男人敏锐得多，因此说，赞美女性直接比间接更好。比如，今天她穿得好看就直接说"你今天真漂亮"；她背了个漂亮的包包，就可以直接说"你的包包真好看"。

同时，男生在赞美女生的时候，一定要考虑好合适的用词。一个耐听的赞美不仅会使对方欢心，而且还会拉近你们之间的亲密距离。同样男生也需要赞美，别看男生平时好像不在乎那些赞美之词似的，其实都是打肿脸充胖子。

一个女人以间接说法赞美某个男人，可以鼓励对方继续追求她，让他对自己更有信心，并对女人好感大增。而男人如果以直接的说法赞美女人，会令女人感受到对方的珍惜与尊重，从而拉近双方的距离。

赞美多一点，爱情之路自然就能越来越甜蜜，越走越顺畅。

12. 斗嘴增进恋人间的感情

> 斗嘴是"爱的食料"。
>
> ——玄小佛

恋人之间的"斗嘴"就像玩碰碰车游戏一样，那乐趣全在于东碰西撞、你攻我守。这种游戏的新鲜与刺激绝非四平八稳地开车所能比的。但要清楚一点：斗嘴，不是吵嘴，不是口角。天真无邪的斗嘴是"爱情的调味剂"，不仅不会产生矛盾，还能增进恋人之间的感情。

一对青年男女经常在一块"贫嘴"。
"我真不懂，你怎么不能变得温柔点。"
"那你怎么不温柔点？"
"我怎么不温柔了？我对你多好，天天给你做早餐。"
"哼，那是你应该的，谁让你上周把花瓶打碎了，你得将功补过。"
"嘿，这样说的话，早餐我不做了，让你早上起来饿肚子。"
"随便。"
"饿肚子咕咕叫，让你上不了班。"
"我可以自己做啊，怎么了，我做自己的一份不跟你吃。"
"你就会煎鸡蛋吧，一年365天，你天天吃这个好了。"
"你管我？"
"我怎么不管你？"
"混蛋，快去做饭。"

不难看出，这对恋人，两人彼此依赖、深深相爱，但是两人都具有独立不羁的性格，谁都想改变对方，谁又都改变不了自己。然而从两人针锋相对的话语里，我们分明感觉到他们彼此的宽容、彼此的相知，我们会很真切地感觉到浓浓的爱意从他们的内心流溢而出。

正因为斗嘴具有形式上尖锐而实质上柔和的特点，它就比直抒胸臆式的甜言蜜语有了更大的展示情人间真实感情与丰富个性的广阔空间，所以沐浴爱河的许多青年男女都喜欢进行这种语言游戏，在这种轻松浪漫的游戏中，加深彼此的了解，增进相互的感情，同时也调剂爱情生活，使恋爱季节更加多姿多彩。

斗嘴，既然是一种游戏，就有它的规则，千万不可只为刻意追求效果，而不顾一切。谈话有一个总的原则"浅交不可深言"，这话同样适用于恋爱中。如果双方还处在相互试探、感情朦胧的阶段，最好不要选择用"斗嘴"的方式来增加了解，因为毕竟你对对方的个性还不是很了解，容易产生不必要的误会，而且很容易将斗嘴演化成辩论，那就偏离轨道了。

要想以斗嘴来加深了解，可以选择一些不涉及双方感情或个人色彩的一般话题，如争一争"是住在大城市好还是隐居山林好"，斗一斗是"左撇子"聪明还是"右撇子"聪明等，这样双方可以不受拘束，"安全系数"也大。如果已是情深意笃，彼此对对方的性格特点都比较了解，斗嘴就可以嬉笑怒骂、百无禁忌。

13. 拒绝你不爱的他，不要害怕伤害他

> 拒绝不像选择那样令人心情舒畅，它森严的外衣里裹着我们始料不及的风刀霜剑。像一种后劲很大的烈酒，在漫长的夜晚，使我们头晕目眩。
>
> ——佚名

感情原本就是无法由自己操控的事情，倘若你不喜欢正在追求你的人，

那么在尊重对方的基础上，说些好话，婉言谢绝。得当的拒绝，对双方都是一种解脱。

男孩跪在地上说："请你相信我，我会让你幸福、快乐，我虽然不是全世界最好的老公，但是我会让你做成全世界最幸福的老婆。"

女孩赶紧拉起男孩，一时不知所措。女孩很感激男孩对自己的好，但是无论如何她还是无法从心里爱上男孩。看着男孩真诚的眼神，她最终也没有忍心拒绝男孩。

有一天，女孩遇到了自己喜欢的人，和喜欢的人在一起，女孩觉得好幸福，但是，面对男孩的关心和爱，她不知道该如何拒绝。就那么一直拖着，男孩约她的时候，她说加班，男孩给她打电话的时候，她说她在开会，草草挂了电话。但是终究纸里包不住火，有一天，男孩发现她和另外一个人在一起，男孩顿觉自己的天塌下来了，眼泪流得稀里哗啦。

对别人造成伤害不是你想看到的，可是，当你已经决定离开对方，那么即使明知道对方会伤心，也还是尽早告诉他吧，不然，拖得时间越长，他对你的感情越浓，到分手时对他的伤害也就越大。

当然，无论是什么时候，拒绝别人的爱，态度一定要真诚，言语也要十分小心。尽量减少对对方的伤害。你可以告诉他你的感受，让他（她）明白你只把他当朋友，当同事或者当兄妹看待，你希望你们的关系能保持在这一层面上，你不愿意伤害他，也不会对别人说出你们的秘密。

那么，这时你不妨说："我觉得我们的性格差异太大，恐怕不合适。""你是个可爱的女孩，许多人喜欢你，你一定会找到合适的人。""你是个很好的男人，我很尊重你，我们能永远当朋友吗？""我父母不希望我这么早谈恋爱，我不想伤他们的心。"

如果有些自尊和羞涩感重的人没有向你直接示爱，只是用言行含蓄地暗示他们的感情，那么，你也可以采取同样的办法，用适当的冷淡或疏远来让他明白你的心思。

要记住，拒绝别人时千万不要直接指出或攻击对方的缺点或弱点，因为你觉得是缺点或弱点的东西,对自己或某些人也许并不认为是缺点。所以,不能以一种"对方不如自己"的优越感来拒绝对方。特别是一些条件优越的女人,更不能认为别人求爱是"癞蛤蟆想吃天鹅肉"一推了之,或不屑一顾,态度生硬,让人难以接受。

14. 即便面对心爱的人,也不必百依百顺

相爱是应该互相迁就,互相体谅,但不是无条件、无原则地顺从。

——佚名

爱情中的两个人,只有能够相互体谅、相互迁就,爱情才能更保鲜、更持久。但是,有些人往往混淆了迁就和顺从的意思,于是,过分地顺从最后只能导致爱情中断。

艾瑞23岁了,她从小家教严格,是个很传统的女孩。男友对她也很好,但最大的问题是,年轻气盛的男朋友,最近总是想更进一步跟她发生关系。男朋友开始暗示,艾瑞只好假装听不懂。越是这样,男朋友越放肆,开始更多地表达自己的欲望。

有一天,男朋友带艾瑞在家里看碟片,男朋友搂着她的肩膀,电影很精彩。可是,当屏幕上出现亲热的场面时,男友突然把她扑倒,差点强暴了她。艾瑞哭了,男朋友吓得不知道怎么办才好。

男朋友也非常尴尬,说:"现在都什么时代了,你怎么还这样保守?我爱你,为什么你不信任我?"艾瑞哭了一夜,感到很无助。她不想跟男友分手,却又不知道该怎么让他明白自己的心意。

情到深处的肌肤之亲，似乎理所当然，可是当你不想要的时候，就不要强迫自己。但拒绝一定不能生硬，而要运用一定的技巧。无论是谁，只要他提出的条件是不合理的，我们都有权利拒绝。而且，在你拒绝恋人的要求时，一定要表示自己的拒绝是针对过分、不合理的要求和行为。

对心爱的人说"不"也要适时适量。尤其当对方的习惯已经根深蒂固时，要试着慢慢纠正，不要强迫对方立刻就改掉。比如对方提出不合理要求时，你可以表现出不配合的态度告诉他："亲爱的，我实在是太忙了，你自己到医院买点药吃好吗，我尽量提早回家。""亲爱的，你看你小肚子都出来了，你要注意锻炼了哦，要不，我收拾家，你去接孩子去。"

慢慢地，他习惯了自己去处理这些事情，就不会太过依赖你，这个时候，你也可以适当和他摊牌，告诉他，你是故意让他改掉这些坏毛病的。当然，对于已经成习惯的事实，他并不会太在意。

15.不必向恋人坦白你的情史

> 对方打听你以前的恋情，很大程度上是要比较他在你心目中的位置。如果你事无巨细地交代过去，那就代表你对过去还念念不忘，记忆犹新。
>
> ——佚名

英国小说家哈代的作品《德伯家的苔丝》中，善良的苔丝和思想开明进步的克莱彼此相爱，后来，苔丝向克莱坦白了自己曾失身于一个无赖恶少的往事，克莱知道之后，觉得这件事是"耻辱的"，断然抛弃了苔丝。

我们可以看出，爱你的人对你的过去是非常在意的，尤其是男人更喜欢翻检女人的过去，聪明的女人要想维护自己的恋情，就不要随意向他坦白自己的过去。

　　林艺彤在旅游的时候认识了同为山东老乡的管昇文，两个人年龄相仿、志趣相投，很快便成为一对恋人。
　　有一次，两个人在管昇文的家中做饭，管昇文用随意的口气问林艺彤："宝贝儿，你这么漂亮，以前一定有过男朋友吧？"
　　林艺彤有过两段刻骨铭心的恋情，但她长了个心眼，慢慢地说："是有过，不过那时候年轻，不懂得什么叫爱情。昇文，你知道吗？你是第一个让我懂得爱情的男人，也是第一个给我家的感觉的男人。"
　　管昇文听了非常感动，郑重地对林艺彤说："你放心，我不但会给你家的感觉，我还会给你一个家，只要你愿意。"林艺彤温柔地对管昇文点了点头，说："我知道。"
　　半年以后，管昇文和林艺彤便步入了婚姻的殿堂。

　　爱情是自私的，当两个人坠入爱河，便会在内心深处希望自己是对方唯一的爱人，为了验证是否如此，会采取各种"小手段"从对方的嘴里套话，比如好像无意间的询问，还会跟你说："我们之间不需要有秘密，我不会介意的。"
　　如果你真的以为对方不介意，把自己的过去和盘托出，结果对方却因此有了心结。聪明的做法就是不要强求对方坦白自己的情史，就算自己非常好奇，也要忍住不问。同时，你也不要随便将过去坦白，你可以用轻描淡写的方式说个大概，而且一定要表示你之前的恋情早已经结束，还要对男朋友表示自己现在爱的是他。
　　比如，你可以说："之前的恋情结束的时候，我的确很伤心，但是现在我早就没有感觉了，我们也已经很久不联系了。现在我爱的是你，我想的也是我们的未来。"或者"那段恋情已经过去很多年了，我现在已经成熟许多，不会再犯那样的错误了。我觉得遇见你，才是我最大的幸运。"除此之外，你也可以赞美对方几句，让对方觉得你现在爱的是他。

16. 吵得再凶，也不揭短

> 人有短，切莫揭。
>
> ——《弟子规》

恋人之间因为感情深厚，对彼此的希望和要求也比对别人高，所以产生不满是正常的，时常发生一些争吵也是正常的。

最怕的是两个人为了一些琐事吵将起来，谁也不服谁，后来争吵升级，便忍不住相互攻击，开始揭短，陈芝麻烂谷子地抖落出来，不但伤害对方的自尊心和面子，还会影响两个人之间的感情。

一次，张倩和余德生因为周末去哪里玩发生了争执，张倩要去逛街买衣服，余德生想去公园放松心情。

张倩说："去公园有什么意思？除了树就是花。我最近没有衣服穿了，我要去买条裙子。"

余德生说："你衣服一大堆，怎么可能没有衣服穿？上了一星期的班，天天对着人，看看风景不好吗？"

张倩不高兴了，嘲讽道："你就是不想给我花钱吧？也对，你赚得那么少，当然不舍得给我花钱。"

余德生被踩到了神经："你哪次买东西我没有痛痛快快付钱？"

张倩继续说："像你这种没有事业心、没有钱的男人，当然只能在公园里消磨时间！"

余德生听了铁青着脸，说："我这样没钱、没事业心的人哪有资格跟你一起出去，你自己去吧！"说罢转身就走了。

俗话说"一句恶语三伏寒"，伤害人的话说出口，给对方的自尊造成伤害的同时，对方的"自卫反击"也会给自己造成伤害。比如有的女性和恋人争吵，一开始会就事论事，但慢慢就会数落起对方以前一些痛苦的事，最后使一件原本很小的事变得无法收场。

吵架的时候说的都是气头上的话，但是一定要在心里给自己的话定一个界限，要明确知道哪些话题是会对恋人产生伤害的，哪些是说话的禁忌和雷区。绝不做"哪壶不开提哪壶"的事，吵架的时候应该秉承着就事论事的原则，不要动不动就翻旧账，拿对方不愿提及的事情说事，这样不但不利于当下问题的解决，还能引发矛盾的升级。

17. 给失意的爱人贴心的安慰

> 没有很多钞票但是我有全部的支持给你，没有很广人脉但是我有全部的鼓励给你，没有很大权力但是我有全部的信赖给你。我看好你，不只是因为我爱你，更因为你有这个能力！
>
> ——佚名

很多人在自己的爱人遭遇失败、失误等现实的打击时，不去安慰他，反而对他不闻不问甚至冷嘲热讽。殊不知，这样不但会让对方更加伤心失望，愈发颓废低落，也会让两颗曾经贴近的心越走越远。

比如男人一直炒股稳赚不赔，却因为某一次的预测失误，亏了一笔钱，本来已经非常懊恼了，做妻子的还在一旁冷嘲热讽，说一些"让你瞎预测，你看，赔了吧"这样的话，只会让丈夫心里更不好受，还会挑起双方之间的争吵。如果妻子说"这次亏了没关系，你之前好几年的预测都没出过差错，下一次你肯定能够更慎重"，那么丈夫一定能够更加谨慎地对待今后的预测。

贺立诚几年前是一家工厂的普通职工，生活倒还过得去，但是好景不长，随着工厂的破产，他顿时成了失业者。由于学历不高，技术能力不突出，再就业的贺立诚遭遇了很多困难，吃了不少企业的闭门羹。这些失败令他非常沮丧，他的妻子看在眼里也急在心上。

又一次苦等面试结果后得到拒绝的消息，贺立诚非常消沉，话都不愿意多说。妻子看他这副样子，本来想讽刺丈夫因为能力不高，学历又低才一再找不到工作，可是话到嘴边，变成了："老公，我爱你是看中了你人老实、踏实、有责任心，这些就是你的优点。现在暂时没有企业看重你这个人才不要紧，要是你闲暇时间多给自己充充电，考几个证书，再加上你稳重踏实的作风，不愁找不到好工作。"

听了妻子的安慰，贺立诚又看到了希望。妻子的鼓励给了他强大的自信心和精神动力，为了不让妻子失望，他开始以积极的面貌面对困境。他在找工作之余，报名参加了一些培训班，参加了几个技能考试并取得了证书。后来，贺立诚顺利地进入一家外企，经过几年的发展，已经成了一个主管，并很有可能被提升为经理。贺立诚说，这都是妻子的功劳。

男人也有脆弱的时候，就算他不说，他也是需要别人的安慰和鼓励的。女人千万不要用"你真没出息""你哪像个男人"等伤人自尊的话语嘲讽丈夫，很多对丈夫恨铁不成钢的女人总是用这些话来刺激他们，结果反而事与愿违，事情越变越坏。

要想让丈夫更爱自己，婚姻生活更加和谐美满，做妻子的在丈夫遭受失意和痛苦的时候，就要用心去安慰和鼓励。

亨利曾是一位杰出的足球运动员，深受球迷的喜爱。然而一场意外，让他失去了双腿，亨利再也无法继续他的足球梦了，这让他非常痛苦。出院后的亨利只能坐在轮椅上，再也无法行走，更不用说是在足球场上奔驰了。亨利以为自己的人生就这样以一个残疾的"废人"形象度过了，这样的现实令他不敢奢望重回足球场的场景。

亨利的妻子在他出事之后一直默默照顾、关怀着他。她担负起了整个家庭生活的重担，每天要为丈夫做好一日三餐，为丈夫擦洗，并且没有说过一句嫌弃丈夫的话。她像以前一样和亨利开玩笑，给他讲笑话，同时还对亨利说："不管你变成什么样，我都像以前一样爱你。"亨利大为感动，他决定走出悲伤的阴影，为了妻子，他要好好活着。

一次亨利和妻子谈论起一个老牌的足球明星，那是亨利少年时的偶像，这位老牌球星最热衷的就是指导自己的小孙子踢球。聊着聊着，亨利突然产生了一个念头，他急切地问着妻子："亲爱的，你说我还能再回到足球场上吗？"妻子也心有灵犀，她对亨利说："我觉得可以，你完全可以做一个优秀的足球指导，为那些热爱足球的孩子们。"亨利听后大受鼓舞，做不了球员为什么不能做一名教练呢？

从此，亨利以轮椅代步，进入一家面向青少年的足球俱乐部做指导教练。他再一次回到了深爱的足球场上，而他最感谢的人，就是一直给予他支持的妻子。

当遇到挫折和失败的时候，内心最需要的就是亲近的人给予的鼓励和安慰，如果你能对失意消沉的丈夫多说一些"亲爱的，不要沮丧，我们还有的是希望""一次两次的失败不代表什么，你可以从头再来""你非常有能力，就是缺少一个机会"和"有没有钱不重要，重要的是我知道你有能力，有实力"这样温暖的话语，相信他很快就能从情绪的低谷中走出来。相信当你怀着满满的真诚和关心说这些话的时候，男人那颗脆弱的心会很快痊愈，重整旗鼓，从头再来。

第六天

口才训练仅需10天

与客户套交情，生意是谈出来的

第六天　与客户套交情，生意是谈出来的

1.过度的热情会把客户吓跑

> 激情，这是鼓满船帆的风。风有时会把船帆吹断；但没有风，帆船就不能航行。
>
> ——泰戈尔

对待客户要热情，但这热情也是减一分则太少，增一分则太多。热情过度就会让对方很为难，不买吧，盛情难却，买吧，确实不喜欢。

谢聪是一名销售人员，做人做事沉稳踏实，深得客户的喜欢，平时也是公司里面的一名销售骨干。虽然谢聪在公司里面年龄差不多是最小的，来公司的时间没几年，但是每个月的销售量却比一些老员工还要高。当别人问起她的销售秘诀时，她总会说："鱼是要慢慢收网的。"

有一次，谢聪和同事按照先前的约定一起去见一个客户，见到之后谢聪先和客户去吃饭。在吃饭期间，谢聪只是浅谈了一些社会上的新闻和日常琐事，一点都不提公司的业务，同事在一旁干着急，可是谢聪却向同事笑笑，继续和客户聊天。

吃完饭告别出来之后，同事免不了有些抱怨，怪谢聪把和客户谈公司业务的机会白白浪费了。谢聪笑着说："如果那样，客户早就跑了。"原来，谢聪的销售方法跟别人完全不一样，当别人围着客户团团转的时候，谢聪只是淡淡然。等到时机合适，再一个猛子收网，而且收获更丰厚。她明白，客户通常最讨厌的就是那种热情过度的销售人员，很容易心情烦躁。所以，谢聪不缓不急，慢慢收网。果然，第二天，那边就打来电话找谢聪商谈业务方面的问题了。

133

过度的热情，让人紧张、不自在、不自由，觉得受到了"骚扰"。比如，你逛街的时候，走到一家商场，售货员对你冷若冰霜，你就一定会不高兴；但是，她对你异常热情，甚至谄媚似的不停搭讪，顺势推荐自己的商品，你也会感到很不舒服，甚至心里有一种反感，随之也会怀疑她大力推荐的产品。

唯有热情适度，才能让对方感觉舒适，没有压力，反而更愿意接受你的这种无压力推销。

2. 问只能用"是"来回答的问题

攻人之恶勿太严，要思其堪受；教人之善勿过高，当使其可从。

——《菜根谭》

聪明人在求人办事之前，会先说一些让对方表示肯定的话，从而打破对方的自我防御心理，接受并认同自己。然后，再引着对方按自己的思路走下去。这样再向对方提出请求，达到自己想要的目的就容易多了。

宋琨是公司最牛气冲天的谈判高手，任是什么样的谈判，宋琨一现身，立刻马到成功起死回生。一次，宋琨又接到老总派的一个任务：搞定一家大公司的单子。要知道那个客户经理可不好打交道啊。

那天，宋琨走进对手的办公室，就热情地说："您好！张经理，我是凯辛德公司的销售代表宋琨，今天我来您这儿的目的呢，无非是为了给贵公司送钱呐。"

"送钱？"张经理不解地问。

于是宋琨说："提高公司的营业额对您一定很重要吧？"

"那是必须的。"

"这有效方式是找到目标客户对吧?"宋琨循循善诱。

"不错。"

宋琨一脸惊喜地说:"正好,我要给您介绍的这几种营销项目,将非常有利于实现您的目标。"

"哦?那说来听听。"

一切水到渠成,收网。于是,宋琨开始介绍起了自己的项目,经过半小时的商谈,宋琨成功签下大单。

心理学上有个登门槛效应,说的是当一个人一旦愿意接受他人的一个微不足道的要求,就有可能接受更大的要求。

我们在说服别人的时候,问的问题也可以从比较容易的入手,然后循循善诱,"步步紧逼",先取得对方的认同,让对方不断重复粘贴"对"和"是",一步步诱导他们上钩,最后不得不认可你的观点,采取我们的建议。

比如,当顾客选购衣服时,精明的售货员为打消顾客的顾虑,会说:"要不咱先试一试?放心,试过了不买也没关系。"客户通常就会答应试一试。当顾客将衣服穿在身上时,你称赞该衣服很合适,并周到地为顾客服务,在这种情况下,当你劝顾客买时,很多顾客难于拒绝。

3. 加一个鸡蛋还是两个鸡蛋

> 问的问题越具体,回答的人越省力。回答的人越省力,他就越有力气和你聊下去。
>
> ——蔡康永

在所有的问句中，选择式问题当属最简单、最容易回答的，根本不用费脑筋去想答案，因为备选项已经给出来了，也不用纠结选哪个，因为一共就两个答案。

在商场里，一些优秀的推销员给人们推销产品的时候，往往会利用选择题的提问方式，比如："你是要这一款美白面膜，还是清爽面膜？""你觉得这款剃须刀适合你，还是另一款？""你是付现金，还是刷卡？"……往往，人们的回答会是其中的一项。

相对于一个麻烦棘手又冗长的问答题，人人都喜欢做一些选择题，双选题、多选题亦可，那么，我们学习攻心说服术，必须了解对方内心的这些顾虑与需求，学会给对方做相对简单的选择题，从而成功说服对方。如果你要想成功说服，不妨给对方做做选择题吧。

年终，策划部的小刘受经理所托，写出一份年终分红报告，不料等到交到老总手中，老总一看"再议。"

小刘不明白了，于是拿着报告去请教经理，经理一看说："这就是你的不对了。"

原来小刘向老总请示，只是抛给了老总一个大问题：允许老总给员工们发绩效奖和年终奖，报告的请示义正词严，老总似乎连反驳的权力都没有，那么老总自然不乐于被一个小职员挟制，只好"再议"了。

于是经理给小刘出主意，把绩效奖和奖金变成一种选择，另外再加一两个其他的奖励方式。小刘按照经理的方法去做，没想到经理料事如神，只是多了几个选择，老总居然同意了小刘的发放绩效奖和年终奖的申请。

几乎人人都不喜欢做问答题，可见把问答题抛给对方是多么不明智的事情，甚至会导致对方认为我们武断与咄咄逼人，而反过来，我们向对方提出选择题，以便让对方用划对号的方式做出判断，往往这样会提高对方被我们说服的概率。其实我们的选择题也是替对方考虑和分忧的人，因为选择题，很大一部分会让对方免去重新考虑其他方案之劳，这就满足了对方的心理需求。

想要说服别人时，我们要掌握给对方两个甚至三个四个鸡蛋的技巧。当然，这几个鸡蛋也有要求，那就是对方无论选择哪一个，都是我们说服对方的内容，都能让我们达到说话预期目标，这一点很关键。

因此，要想说服对方，我们要少说一些"怎么办""现在如何是好"这些问题式的提问，相反，我们可以多说说"您想要深色的还是浅色的""您想在周三还是周五"等选择题的提问方式，这在说服术中是一个绝妙的心理战术，相信我们都可以应用自如。

4.使用让客户感觉良好的语言

> 第一条：顾客永远是对的。　第二条：如果顾客真的错了，参照第一条。
> ——沃尔玛公司标语

作为买东西的顾客，都有这样的感觉：买哪儿的东西无所谓，关键是哪儿的服务好，哪儿的销售人员说话好听。东西是次要的，感觉才是最重要的。

乔·吉拉德常设法让人们知道他对客户真的很感兴趣。他说："我们每个人都会自我感觉良好，但我认为让别人也这么想同样重要。"

"无论我见到什么人，我都竭力想象让他感觉自己很重要！"

乔是个能说会道的推销员，他能提起别人的兴趣，把话说到别人的心里去。

譬如，当一位满身尘土、头戴安全帽的顾客走进来的时候，乔就会说："嗨，你一定在建筑行业工作吧？"很多人都喜欢谈论自己，于是乔尽量让他无拘无束地打开话匣子。

"您说得对。"他回答道。

"那您负责什么，钢材还是混凝土？"乔又提了一个问题想让他谈下去。

乔只想让他知道自己重视他的工作。或许在这之前，从未有谁怀着浓厚的兴趣问过他这些问题。当乔的一位客户光顾他的生意时，即使他们已有5年没有打过交道，乔也要让他感到他们似乎昨天刚见过面，而且乔真的很想念他。

"哎呀，比尔，好久不见。你都躲到哪儿去了？"乔微笑着，热情地招呼他。

"嗯，你看，我现在才来买你的车。"他抱歉地对乔说道。

"难道你不买车，就不愿顺道进来看看，打声招呼？我还以为我们是朋友呢。"

"是的，我一直把你当朋友，乔。"

"你每天上下班都经过我的展销室，比尔，从现在起，我请你每天都进来坐坐，哪怕是一小会儿也好。现在请跟我到办公室去，告诉我最近你在忙些什么。"

推销最主要的目的就是要发掘出你的产品能满足客户的哪些需要。当你在进行调查客户需要的同时，你也发觉到客户的各种不同反应和态度会随着你的言行与态度的改变而改变。

如今，许多推销员都缺乏真诚友善的语言，他们对潜在的客户不屑一顾，他们只想守株待兔，而不去自己耕耘播种。当你的话、你的态度打动了他们，他们甚至会买他们根本不需要的东西，哪怕是一句"您好""我能为您做点什么"也能让客户感到欣慰，从而对你的产品产生好感，更主要的是，当顾客感觉你卖的产品好的时候，顾客也会帮助你宣传。

5. 经常向你的客户表达谢意

顾客不会拒绝感谢的。

——佚名

向别人表示谢意，它的意义不仅仅是一声简单的道谢，它更是个人交流和合作中的核心元素之一。不致谢或很少表示谢意的人，往往很难赢得客户的尊重、好感和支持，更难得到他们相应的回报。相反，真诚而恰如其分地对客户表达我们的谢意，能让他们的内心得到极大满足，是最能赢得客户心理的一种简单有效的手段。

电话营销员：您好，请问是王先生吗？

客户：我就是，什么事情？

电话营销员：王先生，您好，我今天打电话给您是特意来感谢您的。

客户：感谢我什么？

电话营销员：感谢您给了我灵感，使我成为这个月的业绩冠军。

客户：我越来越糊涂了，我给了你什么灵感？

电话营销员：王先生，也许您把我忘了。我是一周前给您通过电话的张强，我对您说的一句话记忆非常深刻，您说："网站建设没有秘诀，创新才是一切。"说者无心，听者有意，我对您的话整整思考了一个晚上，后来在给一个客户做演示的时候我用了一种非常规的方法进行操作，最后我成功了，对方非常满意，并同我们公司签订了一年的合同。为了对您表示感谢，我与公司老总商量过了，决定送您一个月的免费网站宣传。

客户：是吗？你就是上个星期打电话给我，推荐你们网页广告的小张啊。那谢谢啦，那怎么运作呢？

电话营销员：这样吧，我明天到贵公司去一下，我们见面仔细商量一下，看看怎样做会令您满意，好吗？

客户：好的。

电话营销员张强巧妙地运用感谢的话和行动让客户心满意足，客户最终也愿意让张强的公司搞网站建设。相反，若是你对致谢很吝啬，那你就严重挫伤了对方日后和你合作的积极性，因为对方应得的肯定、重视和赞同，你都拒绝给予。

所以请尽量向客户感谢他为你所做的一切。每次接触和见面时，你都可以致谢，要紧的是抓住每个机会。致谢宁可多一次，也不要缺一回：没有人会因为被别人感谢多了而生气。好好利用一些可能的机会，你就能让客户感到意外和惊喜。

实际生活中并不一定非得用上"谢谢"一词。如果你使用的表达是"非常高兴您费心保留了我们的约定，这可救了我的整个计划安排"这样的间接表述效果也不错，它和开门见山式的"非常感谢您保留了约定"不相上下。

每个人都想在帮助别人之后听到一声由衷的感谢，因为这简单的一句话能体现劳动价值。真诚而恰如其分地对客户表达我们的谢意，也是客户想要的。

6. 把推销改成建议

使用建议性口吻表达自己的观点和看法更容易让人接受。

——佚名

生活中你是否有这样的感觉：对于不经你认可而得到的东西，你总觉得不是非常满意，而若是随你的心意去挑来的，却显得珍贵多了。因此可以想到，假如你把自己推销的产品强行硬塞给别人，只能加重对方的排斥心理，如果你只是建议，却反而能激起客户购买的欲望。

维高计划到新布仑兹维克去钓鱼及划独木舟。于是他写信给旅游局，向他们索取资料。他的名字和联系方式很显然是被泄出去了，因为他很快就收到了各个露营区及向导打来的电话，他们不停地向维高介绍着各自的优点和长处，以及自己是如何热情、周到地欢迎维高。

维高被这些千篇一律的推荐弄得头昏脑涨，无所适从，不知道该选哪一个好。这时，他接到了一个营区的主人打来的电话，他说："先生，您好！听说您计划旅行！""够了，我已经听够了介绍。"维高不耐烦地说。"噢，不，先生，您误会了，我没打算向您介绍，只是我这里有一些像您一样热爱出游的人，他们曾做过您即将计划的旅行，这里有一些他们的联系方式，你可以打电话询问一下。"

维高觉得这是个不错的建议，而且他很惊讶地发现，他所给的联系人里竟有他认识的一个。维高打电话给他，询问他的看法，然后维高立刻打电话把自己抵达的日期通知了那家营区。

其他人想向维高强迫推销，但这家营区的主人却让维高自己拿主意。于是他胜利了。

没有人不喜欢被人认可和肯定，没有人不喜欢把自己的想法变成现实，抓住了人性的这个特点，顺着对方的思路说话，买卖自然很容易成功。比如在大超市中都有那些试吃的食品，我们常见售货员说"您可以尝尝，吃着符合您口味了，您再决定购买……"这种语气既让顾客有一种受尊重的感觉，又充分给予了顾客自主选择的权利。顾客自然也就愿意买你的东西。

所以，如果你想让他人接受你的产品，必须在言谈中让合作者感觉到，之所以想要购买完全是出于他自己的主意。"牛不喝水强按头"是达不到目的的，只有顺其意，才能使他高兴地"喝水"。如果不是他愿意做的事情，强迫他干是不行的，只有按照他的内心需要，因势利导，让你的意思变成他的意思，才能达成推销的效果。

7. 别顾着一味地介绍，应听听顾客怎么说

> 关于成功的商业交往，没有什么神秘……专心致志地听人讲话——这是最重要的。
>
> ——查理·艾略特

一名出色的销售人员想必都是一名优秀的倾听者，因为只有倾听才能听出客户的心声，从而达到销售的目的。

一天，一位女士在都市的一家百货商店里看上了一套衣服。她很喜欢这个衣服的款式，但是担心它会掉色。于是，她想问一下这个衣服如果掉色的话有没有什么处理方法。

商店的老板出来了，他很内行。他一句话没讲，而是耐心地听女士把话讲完。当女士讲完，老板身边的两个售货员开始陈述他们的衣服有多好，永不掉色的观点时，老板则是反驳身边的售货员，帮女士说话。他不仅指出这种衣服的料子确实可能出现掉色的情况。于是，女士终于问出了衣服掉色时该怎么办的问题。老板说他建议女士回去后用盐水泡一下，多洗几次。如果还不行，可以再来，他们一起想别的方法。

女士买了衣服，满意地走出了商店，从此，她成了那里的常客。

要想说服对方购买你的产品，首先要冷静地听完对方的陈述，明白对方的意思。许多人想博得别人赞同他们的意见时，总是自己说太多的话，尤其是售货员更易犯这个严重的毛病。所以为了达到良好的沟通效果，销售人员就必须不断修炼倾听的技巧。有效倾听的技巧如下：

集中精力，专心倾听。这是有效倾听的基础，也是实现良好沟通的关键。

不随意打断客户谈话。随意打断客户谈话会打击客户说话的热情和积极性，如果客户当时的情绪不佳，而你又打断了他们的谈话，那无疑是火上浇油。所以，当客户的谈话热情高涨时，销售人员可以给予必要的、简单的回应，如"噢""对""是吗""好的"等。除此之外，销售人员最好不要随意插话或接话，更不要不顾客户喜好另起话题。例如："等一下，我们公司的产品绝对比你提到的那种产品好得多……""您说的这个问题我以前也遇到过，只不过我当时……"

谨慎反驳客户观点。客户在谈话过程中表达的某些观点可能有失偏颇，也可能不符合你的口味，但是你要记住：客户永远都是上帝，他们很少愿意销售人员直接批评或反驳他们的观点。

　　了解倾听的礼仪。在倾听过程中，销售人员要尽可能地保持一定的礼仪，这样既显得自己有涵养、有素质，又表达了你对客户的尊重，例如，保持视线接触，不东张西望，身体前倾，表情自然等。

　　及时总结和归纳客户观点。这样做，一方面可以向客户传达你一直在认真倾听的信息，另一方面，也有助于保证你没有误解或歪曲客户的意见，从而使你更有效地找到解决问题的方法。

　　如果销售人员对客户提出的相关信息置之不理或者理解得不够到位，那么这种倾听就不能算得上是有效的倾听，自然也就不可能利用听到的有效信息抓住成交的最佳时机。

8. 换位思考比争辩更有效

> 即使理由多得像草莓籽一样，我也不愿在别人强迫下给他一个理由。
>
> ——莎士比亚

　　一个推销员在推销的过程中，常常会遇到形形色色的顾客，他们身份地位、社会阅历、性格脾气等都各不相同，在与之沟通的时候，常常因为某些观念或观点不同而引起争执，因为交谈不愉快，生意也往往会摊牌。但是，如果我们能换位思考，设身处地地体验别人的心理，主动调整自己的态度和行为方式，就容易与对方达成共识。

　　某商店有位女营业员很会做生意，她的营业额比一般营业员都高，有人问他："是不是因为你能说会道，所以生意兴隆？"她回答说："不是，我的秘密武器是拿顾客当自己人。"

有一天，某位顾客站在柜台前东瞧瞧，西看看，还不时用手摸摸摆在柜台上的布料，却不肯买货。凭经验，这位营业员判断顾客是想买块面料，于是赶忙迎上前去说："您是想买这块料子吗？这块料子很不错，但是您要看仔细，这块布染色深浅不一，我要是您，就不买这一块，而买那一块。"

说着，营业员又从柜台里抽出一匹带隐条的布料，在灯光下展开接着说："您像是机关里的干部，年龄和我差不多，穿这样料子的衣服会更好些，美观大方，要论价钱，这种料子比您刚才看到的那种每米多三元多钱，做一身衣裳才多七元多，您仔细看看，认真盘算盘算，哪个更合算？"

顾客见这位营业员如此热情，居然帮自己选布料，挑毛病，于是不再犹豫，买下了营业员推荐的料子。

换位思考，设身处地地为对方着想，了解他的心理，了解他的需求，了解他的困难，然后，再为对方谋划和考虑，往往会在对方感激的同时促成你们的交易。

人在和别人争辩的时候从来不会去换个角度看问题，更不用说是站在对方的立场上了，"不识庐山真面目，只缘身在此山中"就是这个道理。总是一味地表达自己，而不从对方的角度去考虑感受，这种情况表现在和客户的交往中就会使双方的交流停滞，产生摩擦，甚至导致矛盾。例如在顾客买东西时，顾客明明看上了那块红色的料子，而你想多赚一点。偏偏硬卖给顾客绿色的料子。这样顾客不仅不买你的账，而且还会给顾客带来很不愉快的感觉。

相反，善于换位思考的人，就会认真帮顾客仔细介绍这款红料子的好处，如果在顾客高兴、满意的同时你再推出绿料子，顾客也会欣然接受的。

所以，换位思考不仅能有效避免"走进死胡同"，还有助于我们从众多方法中选择到科学高效的捷径，如果我们在和客户打交道的过程中自觉地、不间断地进行换位思考，那么我们就会更顺利地解决问题，为自己的说服创造更多有利的条件，从而达到目的。

9.学会向客户妥协和让步

> 学会妥协，退一步是为了形成合力。
>
> ——佚名

在与客户进行沟通的过程中，一些销售人员以为自己在每次沟通中必须扮演着"进攻者"的角色，为了达成销售目标一步一步地向前迈进，这样会让客户产生一种压迫感。但如果销售沟通中的妥协让步策略运用得当，那将有利于实现买卖双方的双赢。

比如，你可以采取这样的方式："您提出的产品价格我已经和公司商量过了，最终的建议是，如果您的购货量达到10万箱以上的话，我们可以按您说的价格成交。""这批货您急用是吗？那您看这样好不好，产品不像以前那样采用精包装，这样可以节省装货时间。至于产品的质量您绝对不用担心……"

这样的妥协让步，既能提高销售量或节约成本，还能让对方觉得自己的要求得到了满足，提高了购买欲望，是一举两得的方式。

但是，妥协让步时，你也要掌握好一定的技巧，否则就很有可能适得其反了。首先，时机的选择宜巧不宜早，否则，你的让步会进一步抬高客户的期望，让他们以为只要再坚持一下，你就会继续让步，使自己处于很被动的地位。

客户："我觉得产品的价格太高。"

销售人员："这样吧，每件产品我再降10元，不能再降了……"

客户："还是高，再降一点我就买了。"

销售人员："那好吧！那就再降5元，再多就真的不能了……"

客户："行，你们通常在付款方式上有什么要求？"

销售人员:"先预付一半,另一半货到即付……"

客户:"这个恐怕不行。"

销售人员:"对不起,公司一直没有这样的先例,而且我也没有这样的权力……"

客户:"那就没办法了……你回去问问上司,再来找我谈吧!"

看,这就是最初时让步太痛快的后果。切记,让步一定要在最后关头让步,不到万般无奈的情况就不要轻易让步,否则客户可能会得寸进尺。另外,要尽可能地表现出为难的语气,这会让客户觉得自己确实是占到了大便宜。

其次,销售人员最好能在妥协让步之前考虑由此得到的回报,同时要考虑可能得到的这种回报是否值得。例如:客户只想要批发100件衣服,如果你是销售人员考虑到只批发100件衣服公司得不到回报,可以这样说"100件确实不多,不便于送货,如果价格太低的话我们就很难做了,要不,您看这样行不行,如果您可以自己取货,那我们可以在原来的价格基础上再给您优惠一些。"

另外,如果实在无法再让步,也要留有一定的沟通空间。当你和客户针对某一问题相持不下时,就不要再浪费时间了,这样的想法很容易导致前功尽弃,所以跟客户交谈时也要有一定的耐心。

如果一发现没有让步余地就放弃沟通,那就相当于是自断财路。你要学会在第一次沟通失败的前提下为以后的沟通创造足够的空间,假如客户再来进行第二次沟通的话,那基本就意味着他已经打算购买你的东西了。

10.巧妙激发客户的兴趣

> 只需要一分钟就可以让客户感到好奇,但这一分钟是你可能与客户建立终身关系的机会。
>
> ——托马斯·福瑞斯

我们之所以会去购买一样东西，首先要对它产生兴趣，这是每个购买者都有的感受，因此，作为一个销售人员，你的话能否勾起客户的兴趣，就成了决定一桩生意成败的关键。

张洽荣是一个保险推销员，有一次，他去拜访一个客户，一进门他就说："您好，上帝！"客户一听有点纳闷："你叫我什么，上帝？"

张洽荣笑笑说："呵呵，客户都是我们的上帝，您是我们的客户，自然也就是上帝了。我可是特意来拜访上帝的。"

客户顿时笑了："那么说说你此行的目的。"张洽荣接着说出了自己的意图："就是想知道您是怎么看待保险的，您可以简单地说说您的想法吗？"

客户："我觉得……"

由于张洽荣的友好和独特的方法，谈话得以顺利进行。

人们都喜欢听甜言蜜语，你的客户也一样，开口介绍你的产品之前，不妨先给他块糖吃，将他捧起来。这样，即使是碍于你的友好和他头上的"高帽"，他也会静下心来听你的话。

当然，每个人最关心的问题都是对自己有利的。因此，有些推销员就会给顾客设下一个悬念，用利益引诱客户去听他的话。

每个人都有好奇心，如果想吸引客户的谈话兴趣，就要避免直接谈论产品，而是从侧面着手，激发起客户的好奇心。比如说你卖空气净化器，你就可以从空气污染谈起。而且，使用这种说话方式一定要选取一个尽量新颖但又与你所推销的产品具有联系的切入点，当发现对方已经产生兴趣后，尽可能快地将你潜在的要推销的东西引出来，否则天马行空地乱扯也是没有意义和不受欢迎的。

当然，除了上述方法外，可以引起客户兴趣的方式还有很多种。总之，客户在遭到推销时习惯性地拒绝，是因为我们的话没有让他产生兴趣。那么我们就要尽可能地站在他们的立场和角度，去为客户找出恰当的购买理由，让客户感受到我们可以给他带来满足欲望的机会。抓住了这一点，销售成功的机会就会大很多。

11. 投其所好未尝不可

> 要想钓到鱼，就得像鱼一样思考，而不是像兔子一样拿萝卜钓鱼。换句话说，要把东西卖给客户，你就必须知道客户在想什么，需要什么。
>
> ——佚名

一直以来，"投其所好"都作为一个贬义词为人鄙夷。这主要是因为"投其所好"者的目的往往是自私的、不可告人的。假如目的是光明磊落、合乎情、顺乎理，就可以为"投其所好"正名了。

小艾是保险促销员，一次，他去拜访一位大客户，某公司的经理王先生。见面之后，小艾先对自己公司的险种做了大体说明，使王先生有所了解。但是，王先生在听的过程中几次哈欠连连。

就在这时，小艾发现王先生背后的书橱里放着许多关于《论语》方面的书，并且办公桌的案头也有一本《论语》。于是小艾眼前一亮，找到了突破口。小林说："王先生是不是对中国的古典文化非常感兴趣，尤其是《论语》，您应该有高妙的见解吧？"

本来昏昏欲睡的王先生听到小艾谈到《论语》，一下又有了精神，说："嗯，我对《论语》非常感兴趣，对于丹讲的《论语》有的地方是赞同的，有的地方也是有保留意见的。"

小艾顺势说："其实，我也看过'百家讲坛'于丹讲的《论语》，但是我研究不多，听不出她讲的还有不对的地方！如果有时间还希望王先生您能不吝赐教。"

王经理马上被吸引了过来，一下子有了兴致，和小艾讨论开来。而且，在讨论的过程中，两个人简直就是相见恨晚，保单也顺利地签了，小艾还和王经理成了朋友。

心理学上认为："如果你想要人们相信你是对的，并按照你的意见行事，那就首先需要人们喜欢你。否则，你的尝试就会失败。"也就是说，要让别人对你的态度从排斥、拒绝、漠然处之到产生兴趣并予以关注，需要最大限度地引导、激发对方的积极情感。而"投其所好"恰恰就是一种引导和激发的过程。

这种过程可以通过发现对方身上的闪光点，或者寻找对方的"兴趣点"来实现。因此，要想销售做得好，就需要了解客户的需求和爱好，然后投其所好，取得对方好感，以赢得订单。

12. 少使用专业术语

> 和客户沟通交流的时候，语言要通俗化，尽量少用专业术语，因为通俗性的语言容易为人们所理解和接受。
>
> ——佚名

专业术语是一些业内人士之间的用词，如果一个人在和客户交谈时总是张口闭口皆专业术语，那么无疑会让客户感觉很尴尬，从而使彼此的交流受到影响。

有一家公司刚刚搬入一个新的办公区，要安装一个能够体现公司特色的邮件箱，于是，就打电话去咨询了一家公司。

接电话的是一位年轻人，在听清了这家公司的要求后，便坚持认定该公司要的是他们公司的CSI邮箱。可什么是CSI邮箱呢？打电话的人一头雾水，于是就问这个年轻的销售人员这个CSI是金属的还是塑料的，是圆形的还是方形的。

结果这个年轻人显然对这个疑问很不解，说道："如果你们想用金属的，那就用FDX吧，每一个FDX可以配上两个NCO。"

本来一个CSI就颇为头疼了，现在又出来了FDX和NCO。没有办法，打电话的人颇为无奈地说："再见，有机会再联系吧！"

你仔细想一想，如果你是客户，那么一个销售员在你的耳边不停地说着什么"专业术语"，而你对这些专业术语一窍不通，那么你还会购买它的产品吗？一个销售员如果把客户当作是自己的同仁而在训练他们，满口都是专业术语，怎么能够让人接受呢？既然听不懂，还谈何购买产品呢？

所以，销售人员在接到客户时，最好不要或者尽量减少使用所谓的专业术语，比如医学专业术语，银行专业术语等。我们要做的是把这些专业术语用简单的话语进行转换，让客户听了能够明明白白，这样才能有效地达到沟通的目的，产品销售也才会达到没有阻碍。如今，有很多行业为了简便，都会用很多的代码在代表产品。但如果你是推销员的话，你要记住，这个代码只是你在同行内方便沟通的，你们的客户并不知道这些。

如果你想赢得客户，那么从现在开始你就要抛弃掉那些看似专业的"专业术语"，通俗易懂的话语更容易达到目的。

13.客户永远是对的，错了也是对的

不要和我争辩，即使我错了，我也不需要一个自作聪明的推销人员来告诉我（或试着证明）。他或许是辩赢了，但是他却输掉了这笔交易。

—— 佚名

客户就是你的上帝，你应该尽可能地满足他的一切要求，如果你不能够满足他，那么就在你们的争执中满足他的虚荣心，这样他可能会比较青睐你，对你另眼相看。

权宇是一家装修公司的优秀销售员，他有一个原则，那就是无论在任何情况下对客户都避免争论，做到让客户一百个满意。

一次，权宇在一个朋友的介绍下，敲响了佟先生家的门，开门的是佟先生的太太，一个看起来很精明能干的女子。她看到权宇，一脸的不友好，不耐烦地说道："我最不喜欢你们这些装修公司的推销员了，总是赚我们这些平民百姓的钱。其实我们的钱也不是那么好赚的，所以在装修的过程中，你们要是欺骗我，我会用法律手段来解决的。

权宇心里一震，知道这是一个不好应付的客户。于是就拿出了自己的制胜法宝——"凡事顺从"，请佟太太列出她的所有要求。佟太太立刻下达命令说："我要对这套房屋进行一次大的装修，地板砖重铺，窗户要装新的，还要外加墙板。对了，先把你的客户名单拿出来吧，我想打听一下你们的信誉，这个星期你不用出现了。"

客户打听商家的服务品质，这是无可厚非的，但是询问他们服务过的每一个户，权宇还是头一次遇到。不过第二次见面的时候，她很不好意思地对权宇说："客户们对你们评价很高。"

"您要的地板砖需要2562元，"权宇告诉胡太太，"这只是我们的成本价，除此之外，我们没有附加任何费用。但你需要先付这笔钱，然后才能订购地板砖。一星期之内就可以交货。"佟太太将信将疑："你别想从我这里得到其他任何费用。这个由我自己来订购。"

佟太太自己购买了地板砖，但却花费了2980元。其实，当初如果由权宇订购只需花费2562元。但权宇还是什么也没有说，不过接下来在选购窗户和外墙壁板的时候，佟太太很乐意权宇来帮她这个忙。装修结束之后，佟太太很满意权宇的优质服务，而且还向很多朋友推荐，这些人最后都成了权宇的长期客户。

面对客户的责难或者不信任，你最好的办法就是顺从他们的意思，用事实来证明给他们看，一定要避免与他们进行正面冲突。这样你才能够博得别人的好感，获得真正意义上的胜利。如果你试图改变客户的想法，则可能会一无所得。从心理学角度来讲，这主要是指在销售的过程中要尊重对方的意思，满足对方的心理需求，客户只有感觉到自己的需求得到了满足，才能够对你和你的商品产生好感。

具体来说，我们可以用以下几点方法来对待客户的争辩。

（1）要保持沉着镇静

当客户挑剔我们的产品，我们不能本着"你可以侮辱我的人，却不能侮辱我的职业"的精神和客户发生争吵。销售人员一旦和客户发生争吵就基本意味着销售的失败。很多时候，客户对商品的批评是毫无根据的，但是不要紧，所有的客户都是有权利对待销售的产品进行主观评价的，我们要明白，挑剔只是他们的手段，并非目的。他们的目的是购买，和我们销售的目的相吻合，所以我们根本就没有必要生气。

（2）针对客户的挑剔做出有效的回应

所谓有效的回应就是能够促成销售的回应。如果我们对客户的挑剔一一加以反驳，那么他们必然会觉得非常难堪，出于面子考虑，他们也不会购买我们的商品。所以，面对客户的挑剔，我们要坚持刚柔并济、以柔克刚的原则，用巧妙的表达方式将客户所提的毛病都变成优点，这种反驳才是最高明的。

（3）适当做出让步，满足客户需求

挑剔的目的是为了以更低的价格购买商品，这是客户的根本出发点，如果销售人员不愿意在这一方面做出让步，即使说得天花乱坠也难以打动顾客的心。所以，在客户挑剔完了之后，我们还是要在价格上做出一定的让步。这样，客户的目的达到了，自然就会购买我们的商品。

在销售的过程中，不管客户有没有道理，符合不符合事实依据，只要他们提出异议，你就要保持欢迎和尊重的姿态，顺从他们，而不是一味地争论，比一个谁高谁低，成交才是我们的最终目的。

14. 在客户不耐烦之前礼貌告辞

> 一般情况下，如果彼此之间没有什么要事商谈，那么在客户那里不要逗留太长的时间，以不超过30分钟为宜。
>
> ——佚名

有一些销售人员拜访客户时，兴头一来说个没完，结果影响了客户的其他安排。因此，当我们与客户谈完该谈的事情，在客户不耐烦之前，应该立即起身告辞，不要惹来客户的反感。

周武去拜访一位客户，这位客户有很明显的购买倾向，因此周武对这位客户也充满了信心。在去之前，周武给这位客户打了一个电话，客户告诉他，自己只有二十分钟的接待时间。

来到客户的办公室后，周武便开始兴致勃勃地向客户介绍产品，而客户也对其产品表现出了极大的兴趣，并不时地提出一些观点。

周武越说越兴奋，结果忘记了时间。这时候客户已经开始在看表，但周武没有留意，当周武的介绍告一段落时，客户及时打断了他，说道："外边还有一位客人在等着我，我们下次再谈吧。"

这时候周武才意识到自己的一番"高论"超出了预计的时间，反而耽搁了客户的事情，他连忙告辞。但在这以后，客户对他在热情上明显降低，对产品也不再上心。周武经过多方打听，才知道自己上次耽误了客户的生意，客户很生气。

生活中，这样的事情并不少见。有时候，其实我们已经成功了，但因为没有领会客户的意思，还在喋喋不休地跟客户谈论，没有去考虑客户的时间，结果错失了很多机会。所以说，在拜访他人时，一定要事先想好此次拜访的目的、准备谈些什么内容，以免浪费双方的时间和精力。特别是在客户的家中，无谓地消磨时光是不礼貌的，也是令人讨厌的举动。

所以，在告辞的时候，有以下几点礼仪一定要注意：

第一，把握好告辞的时机。如果遇到下面几种情况，应该及时"知趣"而退：和客户话不投机，或当你说话的时候，客户反应冷淡，甚至不愿搭理你时；快到休息或就餐的时间时；客户站起身来，或是把你们的谈话总结了一下，并说以后可以再继续交流的话时；有其他人来拜访客户时；客户虽然表面上看起来显得非常认真，但反复看手表或时钟时。

在提出告辞的时候，被拜访者往往会说上几句再坐坐之类的客套话，那往往只是纯粹的礼节性客套。所以，如果没有非说不可的话，就要毫不犹豫地起身告辞。

第二，适时告退。如果双方约定了时间，那么时间到了之后要按时走；如果没有约定时间的话，那么待半个小时或者一个小时就要走；如果客户有急事的话，比如他的家里临时来了个客人或者有人打电话通知他开会等，这时候要及时告辞。

第三，告辞时要向客户道别。在告辞前，应该对客户的友好热情等给予适当的肯定，并说一些"打扰了""给您添麻烦了"之类的客套话。如果有必要，还可以说些诸如"这一个小时过得真快""和您说话真是一种享受""请您以后多指教""希望我们以后能多多合作"等话。不仅见面的时候要问候对方，在临走的时候也要向对方致意问候，握手话别。如果还有其他客人，即使与这些客人不熟悉，也要遵守前客让后客的原则，礼貌地向他们打招呼。

第四，要说走就走。有很多人在辞行时一点也不果断，告别了许久也不走，动嘴不动腿，这样做很不合适。因此在拜访时，要说走就走，绝对不要说而不动。

第五，表示感谢。在拜访结束后，应该向客户表示自己真挚的感谢，因为你占用了别人的时间，如果不这样做的话，是很失礼的。如果对方送你的话，那么在送上几步后，你可以说上一句"请留步"之类的客套话，主动向客户伸手相握，以示告别。

久留之客是不会受到他人欢迎的，因此，在拜访的时候一定要注意这个礼节性的问题，这样，我们才能在客户心中留下一个好印象。

15. 客户穿着破旧，不是你怠慢他的理由

以言取人，失之宰予；以貌取人，失之子羽。

——《史记·仲尼弟子列传》

总是有一些人很势利，看着打扮入时、衣着考究的人，就迫切地上前套近乎，好把对方立即变成自己的准客户；而对那些穿着破旧的人，就爱搭不理，内心想，"反正你也没钱买，别害我白浪费感情。"

只要是客人，他们都是平等的。就算有的人确实不会带给你利润，但忽略或者怠慢他们也是极其不礼貌的。更何况，这年头，有些衣着朴素的人不见得真没钱，一些衣着豪华的人也不见得真有钱。所以，还是认真接待和尊重每一位客户为好。

一个夏日的午后，天气闷热，一位穿着破旧衣裤、满身汗味的农民模样的老头推开了一家汽车展示中心的玻璃门。几个服务员看他也不像什么能买车的客户，就没搭理他，自顾自地忙着自己的事。

只有一位女服务员像迎接其他顾客一样，笑容可掬地说："老伯，请问我能为您做点什么？"

老农有点不知所措地说："哦，不用，不用，我只是想进来凉快下，马上就会走，外面实在是太热了。"

这位女服务员并没有一点厌恶或者冷漠的神色，仍然热情地说："是呀，外面太热了，您坐这里吹吹冷风，凉快凉快吧。"一边说，一边指着旁边豪华气派的沙发，示意老人坐下。

"不必了，我们种田人的衣服不干净，怕弄脏了你们的沙发呢。"老人连连摆手。

女服务员笑着说："看您说的，进来了就是我们的客人，再说沙发就是让人坐的。"

更让老人受宠若惊的是，女服务员还倒了一杯水递过来，说："天热，喝杯凉水吧。"

喝了水，闲着没事的老人开始四处转悠，这辆车看看，那辆车摸摸。

女服务员就走过来说："大伯，您要有兴趣，我可以帮您介绍介绍？"

老人说："不用，不用，我们种田人可是没钱买车。"

"不买也没关系呀，也许您以后会有机会买的。"然后，女服务员耐心详细地给老人介绍起来。

听完后，老人从口袋里掏出一张皱巴巴的纸，交给她说："这些是我要订的车型和数量，请你帮我处理一下。"

女服务员接过来一看惊诧不已，这位看起来很寒酸的老人居然要订8台货车。她一下子不知道怎么办才好，"大伯，您一下订这么多车，我们经理不在，我必须找他回来和您谈，同时也要安排您先试车……"

老人平静地说："你不用找你们经理了，我是种田的，需要买一批货车，但我对车又不懂，担心车的售后服务。我的儿子就给我出了这么一个主意，我穿着这身旧衣服，去了好几家汽车销售中心，都没人愿意上前和我打个招呼，更没人主动向我介绍车的型号，我非常难过。只有你，热情耐心地接待了我，我相信你，一定会为我提供非常好的售后服务。"

客户是没有高低贵贱之分的，只要是客户，无论他是什么身份、从事什么样的职业，我们都必须给予尊重，切忌以貌取人。

第七天

口才训练仅需10天

攻心说服,不用蛮力用巧劲儿

1."旁敲侧击"更容易接受

> 采用旁敲侧击的方式进行说服相对于直接的说服,虽然费点时间,但效果会更加明显。
>
> ——佚名

如果你是老板,看见你的员工正在打盹,你会怎样做?一般的人肯定会直接叫醒他"别睡觉了!这是上班时间",但那些善于管理的老板则会说:"你是不是哪里不舒服?你可以直接说出来……"这样的话语更容易让人接受,也更容易让人产生愧疚感,从而达到说服的效果。

有个战士名叫王兵,入伍半年,有点文采,写得一手好字,可就是有点"不拘小节",每天早晨起床后,不肯把被子叠整齐,检查评比时,拖了班里的后腿。

为此,指导员也批评过他,可他满不在乎,依然我行我素,急得指导员直跳脚。一天,指导员见王兵在练字,特意凑过去说:"你的字写得不错啊!"

王兵把嘴一撇,意思是说:"你也懂?"指导员似乎看透了他的心理,说道:"汉字是方块字,其中既有美学,又有力学……"接着,指导员从古代书圣王羲之、颜真卿等,说到当代的郭沫若、舒同。

王兵没想到指导员懂得还不少,于是心里暗暗佩服。指导员见时机已到,就突然把话锋一转说:"常言道,字如其人,但遗憾的是,你的字却与你本人不一样。"

王兵对指导员的"突然袭击"毫无防备,一下子呆了,说了声:"怎么了?"指导员便趁热打铁,说:"看你的被子窝窝囊囊的,像个练书法的人吗?整理内务犹如写字,也很有讲究。只要有一笔没写好,整个字就显得逊色;只要有一个人不好好整理内务,整个寝室的统一美就被破坏了。"

王兵听了,顿时恍然大悟,脸"唰"地红了起来。从此以后,王兵不仅被子叠得整齐了,而且军容仪表也严整多了。

每个人都喜欢拥有自己独立的思想,没有人喜欢接受推销或被人强迫去做一件事情。就比如我们去商场买衣服,很多人都很嫌弃那些强买强卖的商家,而那些语言温和和顾客唠着家常的商人,更容易说服顾客买他的衣服。

当你的意见与他人的想法产生分歧时,千万不要自以为是地把自己的意见强加给别人,总是想以自己的想法操控他人思想的人注定会成为"孤岛"。一个聪明的人懂得采取旁敲侧击的方法来说服他人,这样更容易让他人感受到你的尊重,人际关系处理好了,做起事来自然就会更加得心应手。

2.说服不是辩论赛

> 辩者,求服人心也,非屈人口也。
>
> ——王充

有些人在与朋友交往的过程中,总是喜欢争辩,即便无理也要强辩三分。而事实证明,无论走到哪里都满口理论,永远无法做到让对方心服口服,相反还会使人敬而远之,落个孤家寡人的下场。

林枫去参加一个朋友的婚礼,席间有一位年轻人在说明新郎与新娘的关系时,用了"青梅竹马"这个成语。但他为了夸耀自己的博学,还念出了这首诗："郎骑竹马来，绕床弄青梅。"这首诗是没错的，但是他却把作者记错了，原本是李白所说，而他却说是宋代女词人李清照。

于是，林枫和他开始争论，各不退让。这时候，林枫看到自己的大学老师坐在隔桌。高兴地说："咱们别争了，不如找个专家给评评理。"

最后，他们俩一致同意让林枫的大学老师评理。老师对林枫说："你错了，这首诗的作者是李清照，不是李白。"

林枫一听有点糊涂了，事后纳闷地问："刚才您怎么说是李清照呢？"

老师看了看他温和地说："你说的一切都对，但我们都是客人，何必在那种场合给人难堪？在社会上工作别忘记这点，永远不和人做无谓的争辩。"

当你的想法、意见与人相左时，第一反应大概就是奋起辩驳。但说服并不是辩论赛，为了避免无益的辩论，你要迫使自己冷静下来。

如果你能最终获得争辩的胜利，它也完全没有什么积极意义。故大可不必动用你的"唇枪舌剑"，一笑置之最妙。同样，你向别人提出"挑战"的时候，一定要选择有价值的，通过争论使自己和他人都能受到启发和教育的问题，不必在那无关宏旨的细节琐事上做文章。

你辩论一番的欲望更多的是基于理智还是感情原因——诸如虚荣心、表现欲望或面子上下不来？如果是感情原因，大可就此打住。同样，我们向人提出问题是否有感情的因素，如有，就同辩论的实质——探求真理背道而驰了。所以最好别去做这种不积极的提示而把他人引入无谓争辩的歧途。

对方是充满敌意的吗？他对你有深刻成见吗？如果是，那么在这种非理性的氛围中最好不要再火上浇油。同样，如果你是处于这样一种心境，绝对不要向对方提出论题辩论，因为此时你提不出理性的论点，在辩论伊始，就注定了你失败的命运。

3. 心软的人，就要用软话攻心

> 人是有感情的高级动物，真正铁石心肠的人是不多的。只要你巧妙地说软话，就一定能软化别人的心，获得别人的帮助。
>
> ——佚名

对于心软的人，说软话可谓立竿见影。心软的人，感情比较丰富，做事优柔，很容易被别人的话语打动，被别人的情感影响从而改变自己的决定。对这样的人，晓之以理动之以情非常重要，把自己放在弱势的一方，更容易使对方对你伸出援手。

曾经有一位非常精明能干的女主管，她负责向法国一家公司销售建筑材料。每一次谈判前，她都会精心地列好计划和报价，让对方非常满意。为了最终完成这个项目，这位主管加班加点，可到了最后签约的时候，法国代表却提出要降低30%的价格。

女主管十分气愤，几个月来辛苦工作的委屈一瞬间爆发了出来。她突然就开始掉眼泪，一边哭一边说："你们也太过分了！我们什么都按照你们的要求做，现在还要求降价30%，你们真是欺人太甚了！"

法国代表被女人的眼泪弄得懵在当场，商量了一会儿之后，最终同意以原价买下所有的材料。会议结束后，法国代表摇着头说："那时，我突然觉得这个女人真的挺不容易的，她的眼泪让我感觉十分愧疚。"

所谓软话，就是温和委婉的话，但说软话不等于哀求。你在寻求别人的帮助时，不能摆出冷冰冰、硬邦邦的姿态，而是要放低自己，悉数难处，从情入手，拉近彼此的距离，让对方同情理解你。

要通过说软话获得别人的帮助也很有讲究。首先就是要挑准对象，最好不要试图去攻克那些倔强的、原则性非常强的人，要把目标锁定在那些温和、感性的人身上。

其次，你需要掌握一些把求助的话说"软"的技巧：

缩小请求。用一定的语言技巧修饰请求，令对方更加容易接受。比如在借钱时可以说："你借我300块就可以了，剩下的我再自己想办法。"这样的语言方式就不会让别人觉得300块是个大数额，也能更好地体谅你的难处，从而愿意帮你渡过难关。

谦恭地请求。抬高对方，把自己的位置放低，彬彬有礼地交谈。

先乞求别人的原谅，再说出自己的要求。在交谈时可以巧用"不好意思""又要给你添麻烦"这类词句，让对方欣然答应你的要求。

先体谅别人，再说出自己的要求。在表达自己的需求时，先说"我也知道你很为难，但我真的没有其他办法了，只能拜托你试一试"，以此来表现你对他人的尊重，让对方对你心软。

迟疑地请求。在请求别人时可以多用迟疑语气，比如说："我本来不想提这件事，但是我自己真的办不了。"这样可以表现出自己的难处，显示对对方的信赖，以获得别人的帮助。

4. 以利益作为引导

世界上有两根杠杆可以驱使人们行动——利益和恐惧。

——拿破仑

俗话说"人为财死，鸟为食亡"，话说得虽然有些夸张，但是现实生活中丝毫不缺少这样的例子，但利益也不失为一种我们为之奋斗、为之努力、绝妙又源源不断的内驱力。

既然如此，我们与人交谈，如果想要说服对方，不妨让对方事先知道他即将获得的收益,我们可以暗示明示对方如果他们采取我们的建议会得到的收益和回报。这样在利益的驱使下,对方自然采取我们的建议,乐意为我们效劳,我们也就收到了说话的预期目标。

葛华是小区一家小超市的老板,为了方便顾客,脑子灵活的葛华想盖一个自行车棚。但是,自己的小超市前面一点地儿也没有。于是葛华盯上了自己的邻居,方老板家饭店前面的一块空地。

于是葛华去进行交涉:"老方,我想在你的饭店前面建一个车棚。"

不料葛华话还没说完,方老板就一口回绝:"那怎么行,你建车棚岂不是影响我生意?"

葛华忙摆摆手,说:"才不会呢,老方,这你就错了。你租场地给我,获益多多啊。"

一听到获益,方老板来了兴趣:"说说看。"

"首先,我要的地很小,一点不会挡住你家门面。其次,你每天生意最忙的时候,正是我生意最冷清的时候,造成不了影响,更妙的还有第三,第四……"

葛华故意停顿了一下,果然勾起了方老板的好奇心:"你快说。"

"这第三啊,车棚盖好后,来你这里进餐的客人也可以存车在我的车棚里,这不等于你的顾客免费停车嘛。第四,我的顾客,要是在你这里存车,很有可能来你们家吃饭。老方,这么好的便宜,不占白不占啊!"

葛华的交涉很成功,方老板当即同意租地,而且还免收租金。

当然,我们要注意,以利益为诱导,这是攻心说服术中的一着险棋,我们要谨慎使用。那么,我们该注意哪几方面呢?

首先,我们要经常强调利益共享。这会让对方信任我们,对我们抱有好感。

其次,我们要经常强调"我们"。因为对方听到这个词后,就会产生一种内心的归属感,觉得我们是在同一条船上的,更容易被我们说服。

最后,我们在许诺给对方利益的时候,千万不要表现出这是一种赤裸裸的交换，这会引起对方的反感，因为人们内心有一种矛盾，一方面追求利益最大化，另一方面可不想被人认为是唯利是图的人。

利益是人们最大的驱动力，互利是求人办事的一个原则。所以，在我们想要说服他人的时候，给予对方允诺一些利益和回报，这样更容易说服对方。

事先我们开出来的丰厚的条件就是"甜头"，这个"甜头"可以是具体的名和利，也可以是精神上的慰藉和满足，这需要我们具体问题具体分析，但千万不要让好事变成贿赂。

5. 想得"寸"，先要"尺"

> 如果有人提议在房子墙壁上开个窗口，势必会遭到众人的反对，窗口肯定开不成。可是如果提议把房顶扒掉，众人则会相应退让，同意开个窗口。
>
> —— 鲁迅

我们如果想要说服对方去做一件事情，想要对方接受自己的要求，那么我们不妨对他们超出底线、超出目标的提要求，在一个更过分的要求之前，人们往往会乐意选择一个相对温和、相对能接受的要求，想得"寸"先要"尺"。

在心理学中，有一种对比心理，人们往往不容易接受别人直接给予他们的东西，可是要是人们先给他们一个极差的东西，然后再给一个稍微好点的东西，人们往往欣然接受后者，这就是怪异心理学。而说服，就是一种心理战术，玩得就是心理，我们只有掌握好了对方的心理，才会更容易让对方被我们说服。

高阳晖是公司销售部新来的实习生。

一次，销售经理带着高阳晖去一个公司谈案子，路上，为了提点一下这个新人，经理问："这次的价格目标，你认为该怎么订？"

高阳晖回答："现在竞争激烈，全城招标，我觉得我们可以打价格战，给他们最优惠的价格。"说完，高阳晖等着经理的夸奖。

不料，经理非但没有赞同高阳晖的建议，反而说："小高，你错了，我们非但不要降低我们的价格，反而要提高我们的价格，至少要比竞争对手的高。"

高阳晖一头雾水，不过接下来的事情让高阳晖见识到，原来高价也可以拉住客户的心，因为经理的方案被客户赞同了。

在谈判桌上，没有经验的谈判手总是认为"一开始就给对方最优惠的条件，那么想必对方会动心"，其实，这并不是说服术中一个值得提倡的招数，因为我们一开始就亮出自己的底牌，只会让对方一眼就看透我们，看到我们的最低心理承受范围，那么在说话中，我们必然失去交流的优势地位，而被对方牵着鼻子走。

这时候，很多人也要问了："如果我们过高地开价，对方一定会觉得我们价太虚，那我们岂不是得不偿失，反而落得一个黑心和残酷的罪名……"其实，不必担心，我们的抬高价格和提超出底线的条件，客户非但不会认为我们残酷，反而认为我们的产品更优秀，我们的合作更有效，我们的价值更大。而当我们松口降低要求的时候，对方反而觉得是莫大的荣幸，更会感到我们的人情味儿。

与人谈判，想要说服对方，我们不妨学习一下欲得"寸"先要"尺"的技巧，这会帮助我们在说服中取得更多的主动权，从而掌握说话的优势地位，达到说服对方的预期目标。

6. 真诚的劝说才能激发共鸣

真诚是处世行事的最好方法。

——大卫·怀特利

在社交中，真诚的态度总是能打动人心、引起对方交谈的兴趣，为了说服对方，让对方尽快地接纳自己，听从自己的意见，最重要的就是让对方很快地感受到你的亲切态度，这才是最完美的说服方法。

美国费城电气公司的推销员威伯到一个州的乡村去推销电气，他叫开了一家富有农家的门，户主是一位老太太。她一开门见到是电气公司的，就猛然把门关上。

威伯再次叫门，门勉强开了一条缝。威伯说："很抱歉，打扰您了。我知道您对电不感兴趣，所以这一次登门并不是来向您推销的，而是来向您买些鸡蛋。"老太太消除了一点戒心，把门开大了一点，探出头，用怀疑的目光望着威伯。威伯继续说："我看见您喂的明尼克鸡种很漂亮，想买一打新鲜的鸡蛋带回城。"接着充满诚意地说："我的来航鸡下的蛋是白色的，做蛋糕不好看，所以，我的太太就要我来买些棕色的蛋。"这时候，老太太从门里走出来，态度比以前温和了许多，并且和他聊起了鸡蛋的事，威伯指着院子里的牛棚说："老太太，我敢打赌，您养的鸡肯定比您丈夫养的牛赚钱多。"老太太被说得心花怒放。

想要有效地把自己的东西推销出去，首先要用真诚的态度打动对方，在得到对方信任的基础上，你再以"正如您所说的那样，不过……"的方式陈述己见。此时，你的言行已使对方认为你已接受了他的意见，因此，他对你的建议也愿认真听取了。博得了对方对你的好感和信赖，问题便有可能圆满解决。

而有些人却不懂得什么是真诚，推销的时候总是把自己的东西吹得天花乱坠，并自以为这才是推销本事。其实，顾客对这样的推销员是很反感的。相反，如果推销员能坦言相告这个产品有什么缺点，可能更容易赢得顾客的好感和信任。

不管你说的奉承话有多么娓娓动听，在他人的潜意识里会把你当成是一个骗子。对客户只言片语的真诚顶的上千百句奉承的话。要怎样才能让自己说出来的话使客户感觉到你的真诚，有以下几种方法：

（1）努力寻求双方的共同点

要想说服对方，应力寻求并强调与对方立场一致的地方，这样可以赢得对方的信任，消除对方的对抗情绪。

（2）说服要有耐心

说服必须耐心细致，不厌其烦地动之以情，晓之以理，把接受你的意见的好处和不接受你的意见的害处讲深、讲透。

（3）说服要由浅入深，从易到难

谈判中的说服，是一种思想工作，因此也应遵照循序渐进的方针，开始时，要避开重要的问题，先进行那些容易说服的问题，打开缺口，逐步扩展。一时难以解决的问题可以暂时抛开，等待时机再行说明。

有些人只要用诚恳的态度和他交谈，他就会推心置腹地将心里的话都表达出来。总之，用诱导技巧说服人，要认真构思，事先把各方面的关节想清楚，谈话中又要针对实际情况，灵活应变。

7.沉默恰到好处，说服无声无息

沉默可以调节说话和听讲的节奏。没有沉默，一切交流都无法进行。

——古德曼

庄子曾说过"不言而言",指的是人以沉默的方式来说服别人,即是使用无言战术来达到目的。

刘伟是一名公司的高管,有一次在谈判中,双方就产品的价格争论起来。对方表示说:"我只有一个月的时间,过了这个期限不敢保证还是现在这个价钱。"

刘伟神态自若,没有应声。他只是静静地看着对方的一举一动。这时对方耐不住了说:"你到底什么想法?希望跟我们合作吗?如果这个月我们能达成协议的话,我方可以给你们适当的优惠。"

刘伟仍然沉默不语,这时对方急了:"这样吧,价格我降10%。"

刘伟还是不做声,对方又说:"我再降2%,希望你考虑一下。"

这时,刘伟开口说:"好!我们成交!"

当你沉默不语,只是用坚毅眼神与对方对话时,会让对方有一种心虚的感觉,也许刚开始的时候,他还会理直气壮、滔滔不绝争辩给你听,但是当你长时间地都以沉默回应,并加上一点眼神的暗示,如果他是一个善于思考的人,面对你的沉默,他心中的想法就会有一个转变的过程:"被我说服了吧,后面还有更精彩的呢!"

得意过后,如果你还是沉默,他就会想:"难道我哪个地方说错了吗?他怎么一直不回应?"这个时候就会开始怀疑自己的论辩,然后接下来就会想:"他一直不说话,我说了那么多,肯定都不对,还是问问他好了。"对方提出了疑问之后,你依然默不作声,此刻的他就会对自己的言论十分不肯定,到最后肯定会主动放弃,顺从你的观点。

整个说服的过程一句话都不用说,沉默就很好地替你解决了。

人的普遍心理就是这样,如果别人一直不回应自己的言论,就会自己先怀疑,直至最后放弃,这也正是说服者想要的结果。所以,沉默不仅是金,而且还是一种说服的艺术。在劝解他人的时候,适时地用沉默代替不休的言语,会有意想不到的效果。

8. 别在对方心情不好时提要求

> 出门看天色，进门看脸色。
>
> ——中国俗语

脸色是心情好坏的晴雨表，人心境好时，万事皆乐；心境不佳时，举事皆忧。在与人相处中，只有那些善于洞察人心者，才更容易赢得友谊、易于把握成功办事的机会。

有一次，几个即将毕业的研究生到司法部去联系工作安置。接待他们的是一位60多岁的老局长，这几天，老局长正因为即将离休的事犯愁，一直心情不好。

面对这些接替他位置的人，老局长还是温和地解释说："个别的可以考虑吸收，几个人都来不好安排，因为机关的许多部门编制有限，没有名额安排。"听了这番话，一位女研究生却不识趣地说："我看这里有很多老人，看年纪他们早该退休了，可就是赖着不走，阻碍了青年人走上工作岗位……"听这位同学这么一说，那位局长的脸色就更加难看了，可想而知他们的求职结果是怎样的了。

与别人交谈时，如果碰上对方心情不好，一定要见机行事，不然成功的概率就会大打折扣。而那些善于察言观色的人，往往在与人相处，尤其是有求于人的时候，懂得见机行事，就能逢凶化吉，转难为易，从而促使要办的事水到渠成。

我们如能在求人办事中察言观色，随机应变，那就是一种本领。例如在办事中我们常常会遇见一些意想不到的情况，你应该全神贯注地与人交谈，与此同时，也应该对一些意料之外的信息敏锐地感知，恰当地处理。

比如，如果你想向老板提出加薪，你选择公司遇到麻烦，老板心情正郁闷的时候，那结果可想而知。相反，当老板沉浸在成功的喜悦中，或是他的家人有什么喜事而使他心情愉快的时候，你向他提出适当的要求他就比较容易接受。

再比如，主人一面跟你说话，一面眼睛往外看，同时不停地打电话，这表明刚才你的来访打断了什么重要的事情，主人心里惦记着这件事情，虽然他在接待你，却是心不在焉。这时候你最明智的方法是打住，丢下一个最重要的请求告辞："您一定很忙，我就不打扰了。"你的离开，主人心里对你既有感激，也有内疚，因为自己的事情，没好好接待你。这样，他会努力完成你的托付，以此来补报。

另外，在交谈的过程中突然响起门铃、电话铃，这时候您应该主动终止交谈，请主人接待来人、接听电话，不能听而不闻滔滔不绝地说下去，使主人左右为难。

9.抓住需求，一句话打动对方

    最有效的策略可能是用感情，而不是用逻辑。

——罗布·杨

心理专家说："就大多数大论题而言，人们并不会被逻辑所说服。在西方世界，大多数人都知道吸烟有害，也都知道减肥的各种道理。但这并不足以促使他们做出改变。事实并不能说服人。你需要从情感角度切入。"说服别人，若能抓住对方的情感需求，或许一句话就能打动对方。

在美国北方，一位老人打算卖掉自己的牧场。

牧场的拍卖起价是6万元，广告登出后，纷纷有人相中这个牧场，出价也节节攀升，已经拍到了10万元。

一天，一位女士敲开了老人的房门，说："先生，我很想买下这个牧场，可是我只能出1万元。"

老人善意地提醒："可是，我这牧场起价就是6万元。"

然而，这位女士没有退缩，反而说："如果您把牧场卖给我，您还可以像以前一样继续住在这里。我们会陪您读报喝茶，您的生活习惯一如从前。"

老人的神情专注，于是这位女士继续循循善诱："我知道，您在这儿住了很久，一定不想离开，我向您保证，不管您去了哪里，牧场随时欢迎您，而且，您的房间一定会和原来一样，牧场还是您的家，直到您老去。"

老人听完笑了，他被女人开出的优渥条件所打动，最终，以1万元的低价将牧场卖给了这个女人。

站在他人的角度，这样容易让对方产生共鸣，从而说服他人。

10. 运用最后时限，给对方施加压力

> 谈判桌上压力无处不在，谁要是顶不住压力，就将失去大部分的利益。而在最后期限的压力下，很多人就常常会做出他们本不愿意的让步。
> ——佚名

在谈判桌上有一种"时间压力策略"，因为到最后时限内，人都容易妥协和一步步退让，那么对方就会获得最大的利益。与人谈话，无论想要说服别人还是求人办事，最后时限也同样是最好的压力，很多谈判的高手会利用

最后时限，博得最后的全胜。

"一定要在端午前一周，把粽子的进货价降到最低。"这是老总给邱婷下的死命令，这价格还必须比去年的低。物价飞涨，这怎么可能啊，邱婷苦恼了。不过，看了一本关于市场营销的书后，邱婷决定试试。

与邱婷交涉的是当地一家粽子生产作坊，这家作坊因为极具盛名，在当地的销量一直很好。

那天，邱婷约了粽子作坊的老板见面，邱婷说："江老板，你知道我们有众多的固定消费群体，你们在多年前也是通过我们这个平台才获得了今天的盛名呀。"

"那倒是，不过邱小姐，在粽子行业中，我们可是无可争议的第一品牌，每年销量都不错，消费者认可的是我们的品牌，其实嘛，在不在你们超市卖，都是一样的。"江老板不愧是商场中跌摸滚爬过来的，事情看得通透，邱婷心里捏了一把汗。

邱婷继续说："江老板，你知道，其实我们在端午节产品展销这一块，还是和很多供应商合作的，不同档次的产品都很多。"

江老板也不示弱："邱小姐见笑了，江某我也有很多合作伙伴的。"

邱婷看这江老板今天还真的不想让价，于是使出了杀手锏："江老板，我不想和你比我们的合作伙伴谁牛谁怂，但是我知道快到端午了，要是端午一过，您的礼品粽子肯定是卖不出好价钱的。我看您不妨考虑一下我先前出的价格。"

江老板一听到端午节，知道邱婷说到了点子上，知道自己的产品也就这个劣势，于是决定让步："好好好，谁让端午快到了呢，就依你吧。"

俗话说因为机不可失，时不再来。那么，我们也可以回想一下我们曾经有过的那一次两次的谈判经历，是不是越临近谈判的尾声，达成一致的意向就越多？是不是在最后关键的时刻，大家经历过漫长的谈判都想快点结束？是不是在最后的期限内，原本尖锐的原则问题都可以得到一定程度的灵活变通？这就是最后时限的力量，让人们不由自主地变得不那么计较，变得随和起来，也变得更加容易被说服。

当我们想要说服别人，想要达到自己的目的，央求不行，恳求不行，婉求不行，死缠烂打不行，软磨硬泡还是不行的时候，我们不妨以一副高姿态，给对方下达一张"最后通牒"——要是在这个最后时限内，你们还是没有完成任务，没有达到我的要求的话，所有的都PASS（忽略，不考虑）掉。这样的方式，往往会起到神奇效果。

11.步步紧逼，在心理上压倒对方

步步紧逼是达到自己目标的一种有力手段。

——佚名

与人说话，说服别人的手段举不胜举，而步步紧逼的压倒式说服是最长驱直入的一种手段。有时候，我们借助充分的准备，采用一种紧逼式的方法，一环扣一环地向对方发动总攻击，从而在心理上压倒对方，让对方只有招架之力而没有还手之功，显然，这一局，我们又赢了。

士光敏夫成为石心岛芝浦透平公司总经理的时候，正好是企业资金周转最困难的时候，没有一家银行愿意借钱给他。为了筹措资金，银行是士光每天不得不去的地方。

一天，士光怀揣便当，来到第一银行总行，他做好了打持久战的准备。可是面对士光敏夫不达目的誓不罢休的气势，营业部部长长谷川也只能表示："先生，我们爱莫能助啊。"

时间快到中午了，疲倦和饥饿的长谷川想撤了，于是说："中午了，我们下午谈。"

不料士光敏夫却步步紧逼，变戏法般慢条斯理地拿出饭盒说："先生，不急，这是您的盒饭，我们边吃边谈吧。"

长谷川只好服输，最终借给了士光敏夫所希望的款项。

求人办事，如果对方真的是力不从心，因能力有限而爱莫能助，那我们自然不能强人所难。可是很多时候，那些在我们眼中意义重大，相对于人们来说却是举手之劳的事情，那么我们不妨抱着"不达目的誓不罢休"的态度，让对方今天就举起这个手来，帮我们这个忙。要知道我们达不到我们可以达到的目的，不是目标定得太高，往往是我们的方法不对。

既然方法不对，那就换一个方式吧。与其苦苦相求，有时候不妨试试步步相逼的方式，转被动为主动，转弱势为强势，因为说话的时候我们步步紧逼，能让我们在交流过程中占尽优势的地位，从而增大说服对方的概率。

但是我们在运用此招的时候，一定要注意分寸，要是我们的气势太强大，超过一定的限度，就会伤害对方的感情，反而会适得其反，事与愿违，所以必须谨慎处理，不要过度。还要注意，并不是所有的场合，步步紧逼的方法都适合，很多情况有更好更委婉的方法，毕竟步步紧逼来得太强势。灵活运用，有的放矢，才能立于不败之地。

12. 利用心虚，辨别对方真伪

要想人不知，除非己莫为。

——中国谚语

俗话说一个人要是撒谎，其内心肯定是有一些心虚和惴惴不安的。那么我们与人说话，不妨就利用这个心虚，来辨别他们言语的真假，甚至让他们自己露出马脚。

詹彪是烟台的一名交警，工作认真负责。

一天，詹彪在路上执行任务，看见其中一辆红色雷克萨斯乱闯红灯，于是一吹哨子，拦住了车主。

"您好，请你出示一下驾驶证。"詹彪对着驾驶座上一位年轻的小伙子说。

"不好意思，警察大哥，我今天着急办事儿，驾驶证落在家里了。"

詹彪问："那你叫什么名字？"

"我叫……刘明。"

詹彪查了一下资料，确实有刘明的驾驶证资料，不过细心的詹彪发现，这面前的小伙子似乎与资料中刘明的年龄差距有点大，这小伙子顶多二十几岁，可是驾驶资料中的刘明看上去肯定有三十岁了，詹彪起了疑心。

于是詹彪问："那，你老婆叫什么名字？"

"赵姐。"

"具体点。"

不料这简单的问题倒是问住了刚才还振振有词的小伙子，只见对方支支吾吾地说不出一个具体的名字来。

詹彪明白了，这小伙子肯定不是刘明，于是笑着说："你连自己老婆的名字也说不出来，看来真的很健忘啊，那随我回局里吧。"

后来，这小伙子承认，自己是无证驾驶，为了逃避惩罚，才谎报了表哥刘明的姓名。

在说谎时，人们往往有心虚的感觉。一个人只要有一点点罪恶感，心虚就会表现出来，这使我们很容易就能识别出来。要知道，罪恶感会使说谎的人痛苦难当，甚至认为还是坦白招认比较好。

在日常生活中，一句带有疑问口吻的"是吗""真的吗"就可以探测出对方是否是说谎，是否心虚。因为谎言毕竟是谎言，经不起推敲，撒的谎越多，漏洞也越多，倘若撒谎的人没有事先打好腹稿，只会说得牛头不对马面，倘若撒谎者的心理素质不高，也会因此而脸色苍白，说话战战兢兢。

13.口头禅是人内心对事物的一种看法

> 口头禅是人内心中对事物的一种看法,是外界的信息经过内心的心理加工,形成了一种固定的语言反应模式,以至于出现类似的情形时,它就会脱口而出。
>
> ——窦东徽

口头禅具有鲜明的个人特色,反应的是人对事物的一种普遍看法,那么我们与有口头禅的人谈话,不妨通过对口头禅的了解和分析,搞定对方的心理,从而获得说话的优势地位。

金韵在一次学术研究讨论会上认识了业内最知名的一个专家。

"我在这块儿已经研究了十年了,小金,十年前,你还是小屁孩儿吧?"

"呵呵,嗯,张老师说的是,那时候,我懂啥啊。"

与那位专家聊天的过程中,金韵发现对方说话很喜欢用"我"字开头,于是由此判断这位张专家一定是位喜欢让别人来关注他的人,因为只有一个有强烈愿望想让别人认识记住自己的人,才会每一句开头都用上"我"。金韵准确拿捏住了张专家的心理,并且试着去满足对方的心理。于是说:"张老师,您说说这方面的具体需要注意的地方呗,好让我们以后不再走弯路。""张老师,您是这方面的专家。""张老师,您觉得现在的研究成果最突出的是什么?"

那天,金韵不仅说得那位专家眉开眼笑,还让专家与自己相谈甚欢,对于金韵自己来说,也从与专家的聊天中,获得了很多专业知识。

一个经常使用"我"这个词汇开头说话的人,基本上都比常人多一点小小的虚荣心,他们总是寻找各种机会,引起他人的注意和关注。在人们羡慕和钦佩的目光中，他们才会从中得到无限的内心满足感。

又比如，心理学表明，一个口头禅是"随便"的人，性格特点就是优柔寡断，患得患失；一个喜欢说"果然"的人，性格中常常自以为是；一个喜欢说"其实"的人，他们的表现欲比较强，性格甚至有些任性；一个喜欢说"确实如此"的人，常常缺少主见；喜欢说"真的"的人，缺乏自信心或者曾经被人怀疑过其可信度；喜欢说"绝对"的人，那么绝对是个武断的人；喜欢说"应该"的人，为人冷静；喜欢用"可能是吧"作为他们口头禅的人，他们的内心的自我防卫本能很强，也是一个城府很深的人……

除了以上经典口头禅外，现在很多流行词也成了人们的口头禅，比如给力、亲、神马、鸭梨山大……一个经常使用流行词汇的人，他们的个性随和，比较好相处，还能很快接受新事物。

一个人的口头禅反映了一个人的性格，还反映了他们的内心真实想法，我们与他们说话，不如通过这些口头禅，去更好地了解、分析他们，我们才能知道对方是一个怎么样的人，才能投其所好，攻其心理，俘获其"芳心"，博得好感。

14. 满足对方好奇的心理

> 求知欲，好奇心——这是人的永恒的、不可改变的特性。
>
> ——苏霍姆林斯基

与人交往的时候，我们常常会感受到来自对方的好奇心，如果想获得良好的人际关系或者想达成自己的目的，不妨去满足一下对方这个好奇"宝宝"的好奇心吧。

约翰·凡顿堪称英国的十大推销高手之一,他名片的正中央都印着一个硕大的25%,而在25%下面才写着自己的公司名。

当约翰·凡顿把名片递给客户的时候,一下子就引起了客户的兴趣,几乎所有人的第一反应都是相同的,他们好奇地问:"先生,请问这25%,是什么意思?"

于是,约翰·凡顿就会为人们耐心解惑:"如果您使用我们的机器设备,您的成本就将会降低整整25%。"

约翰·凡顿还在名片的背面写:"如果您有兴趣,请拨打电话。"他将这些能激发人们好奇心的名片装在信封里,寄给全国各地的客户。结果在约翰·凡顿的意料之中,许多人的好奇心都被激发了,他们纷纷打电话过来咨询。

人人都有好奇心,人人都有满足自己好奇心的需要,而好奇心又能促使人们去了解去熟知、去消费、去体验。引发人们的好奇心有很多方法:例如,我们可以在交谈中巧设悬念,也能达到很好的幽默效果。越是有悬念的东西,越是能吸引人的好奇心。比如说"只要你帮我完成事情,我就给你一个你绝对很想要的东西。""我这里有一个好东西,你要不要跟我一起去看看。"

同时我们也可以借助一些人们不理解的标志,来激发别人的好奇心。就像材料中约翰·凡顿手中的名片一样,感兴趣的人必定会问你怎么回事,这样我们的目的也就能很好地达到了。

我们也可以说一些新奇的事件来激发别人的好奇心,如:"今天和我一起去钓鱼吧,听说河里面能钓到名贵的鱼。"

俗话说"好奇心害死猫",这话虽然说得危言耸听了点,但还是说出了人的本性是充满了好奇心的,更是指出了人们为好奇心付出的代价,满足了好奇心,自然需要一点成本,当然这代价是心甘情愿付出的。沟通的高手深谙此道,是会利用人们这个好奇心的人性特点,攻其心,从而达成自己的心愿。

15. 培养亲和力，让你的语言更有感染力

> 要想让别人接受你的想法，要时刻保证人人觉得你有亲和力。
> ——佚名

一个说话冷冰冰，总是拒人于千里之外的人是不受欢迎的，相反，一个热情洋溢而且有亲和力的人一定更能引起别人的关注。有亲和力的人在与人谈话时总是用友善的口吻，脸上也总是保持着微笑，这样能有效消除人与人之间的隔膜，拉近彼此间的距离。

玛丽女士是一家化妆品公司的老总，她最不能接受的事就是凯迪拉克轿车的推销员开着福特轿车四处游说，人寿保险公司的经理自己不参加保险。所以，她要求公司的所有职员都要用自己公司生产的化妆品。

有一次，她发现刘菲正在使用另外一家公司生产的粉盒及唇膏，刘菲也发现自己的行为被老总发现了，吓得赶紧收了起来。玛丽女士走到刘菲桌旁，微笑着说道："老天爷，你在干吗？你不会是在公司里使用别的公司的产品吧？"她的口气十分轻松，脸上洋溢着微笑。刘菲的脸微微地红了，不敢吱声，心想这下该挨批了，但是，玛丽女士并没有发火，什么都没说就走开了。

第二天，玛丽女士送给刘菲一套公司的化妆品并对她说："如果在使用过程中觉得有什么不适，欢迎你及时地告诉我。"

后来，公司所有的新老员工都有了一整套本公司生产的适合自己的化妆品和护肤品。玛丽女士亲自做了详细的示范。她还告诉员工，以后员工在购买公司的化妆品时可以打折。

玛丽女士亲和的态度、友善的口语表达，使她自然地与员工打成一片，成功地灌输了她正确的经营理念。

亲和力的优点易于消减人与人之间的隔膜，进而使传达者有效地把自己的思想传递给被传达者。在与人的交谈中，没有什么比充满亲和力的态度更重要了，如果把我们要说的话比作佳肴，那么盛佳肴的餐具就是亲和力。可以想象，如果这器具脏兮兮的令人生厌，那么谁还会在乎其中的佳肴味道如何呢？那么怎样才能练就有亲和力的口才呢？

这里有一个原则，就是先处理情绪，再解决问题。当一个人处于不良情绪的时候，对外界不是抵触就是退缩，心门是关闭的，所以即使有天大的问题，都先处理情绪，让对方稳定下来，再谈事情的解决办法。

其次，要注视对方、不时点头，一边听一边观察自己的呼吸，这样的倾听打开了对方的心，不仅让对方感觉亲切、受关注、被理解，还能让自己专心倾听，不累不困，保持最佳状态。

最后就是提问的口吻，真正会沟通的人总是非常善于提问题，一个好的问题几乎能让答案浮出水面。尤其是开放性的问题例如："发生了什么？""你的感受如何？""你是怎样想的？""你觉得怎么解决最好？"……几乎带有魔法性，让沟通双方都处在一个新的思维空间，打开对方的思维、视野，创造新的可能。

16. 先退一步，再往前跳

> 忍一句，息一怒，饶一着，退一步。
>
> ——《增广贤文》

一个聪明的雄辩家知道，在很多时候，过分强调自己说话的目的，过分坚持自己的想法和观点，并不一定能如愿取得预想效果，相反，如果我们采取一种"退"的策略，则更易获取对方的信任，也往往能够更有效地达到说服的目的。说服，不妨先退一步，再往前跳。

吃亏是福。不错，有时候我们的退让、我们的吃亏，往往是一种更长远的投资，为厚积薄发充分准备，就像太极拳中的一招一式，看起来像是一步步退让，其实这是一种温柔的进攻，对方在不知不觉中已经沦为你手下败将。

当与对方发生矛盾与冲突的时候，当对方来势汹汹的时候，一个聪明的说话高手往往知道适时示弱，适时退让，甚至站在对方的角度上为他们考虑。他们知道，自己的忍让和示弱，可能一时有所损失，但其实就长久利益来看，这不失为一种以退为进的智慧，是一种回馈丰厚的战略方针。

只有缩回来的拳头，才能给对手致命的一击，因此，我们要学会先退一步再往前跳的说服术，这样能获得说服的良好效果。

一次费城的宪法会议上，会议中分为赞成和反对两派，双方争论得非常激烈。

就在这关键时刻，赞成派的代表富兰克林站出来，说："事实上，我也并非完全赞成这个宪法。"

富兰克林的言谈语不惊人死不休，反对派和赞成派停止了争辩，都看着富兰克林。

富兰克林继续从容地说道："不瞒大家，对这个宪法，我也并没有十足的信心，我也是和你们一样的忐忑不安。我也就是在对这个宪法是否正确抱有怀疑的态度的心境下，来签署这条宪法的。"

听了富兰克林"主动退让"的话，反对派的情绪终于平静下来，不再一味地采取不信任不合作的态度，他们反而想让时间来验证一下宪法是否正确和合理。

最终，美国的新宪法顺利地通过。

富兰克林用"以退为进"的方法，使会议上有分歧的双方达成一致的意见，成功说服了反对派，取得了良好的成绩。不错，在我们的说服过程中，大家争论不休，要是此时我们能够退让，能够忍耐，往往可以停止无用的争辩，从而获得说话的优势地位，但是如果我们一味地强调自己的观点，非得把对方当场压服，反而会使事态朝着不可控制的方向发展。

会拉弓射箭的人都知道，只有先把弦往后拉，才能积蓄力量前进。一个成功的辩论高手，从来不咄咄逼人，往往是一个会退让、懂得以退为进的人。他们从长远的角度思考问题，才能发现以退为进的妙处，因为在说服他人时，表面退让示弱，实则是为了更有力的回击。

17. 下有人情味的逐客令

> 当中门永远大开，请客容易送客难，便要开始懂得下逐客令；否则恶客太多，一刻不得清闲。
>
> ——林夕

在与人交谈时，如果我们有急事或者不想听对方唠叨，就想对他人下逐客令，但这时，我们又怕伤感情，难以启齿。为了不使人难堪，我们下"逐客令"也得有人情味，既不挫伤对方的自尊心，又使其变得知趣。

有一回，黄尚的一位朋友来家做客，那位朋友待了很久也没有要走的意思。无奈之下黄尚心生一计，对他说："我新买了一本书，非常不错，我们到书房里面去看看怎么样？"朋友听到后欣然而起，于是黄尚陪他到书房里去参观他的藏书。看完后，黄尚趁机说："我们再回去客厅坐坐吗？"这时，对方看了看窗外的天色，说："不了，不了，太晚了，我该回家了，要不会错过末班车的。"

委婉的拒绝是一个愉快的过程，但是对对方的素质和反应能力也有一定的要求，例如上文故事中的客人，倘若不能明白和弄懂主人的意图，那么主人的隐晦拒绝必然会失败。那么这时，即使隐晦的意思，也要让对方明了。

比如："今天晚上我有空，咱们可以好好畅谈一番。不过，从明天开始我就要全力以赴写职评小结，争取这次能评上工程师。"这句话虽直白地告诉对方，请您从明天起就别再打扰我了，但是，却给了对方一个台阶下。

再比如："最近我妻子身体不好，吃过晚饭后就想睡觉。咱们是不是说话时轻一点儿？"这句话用商量的口气，却传递着十分明确的信息：你的高谈阔论有碍女主人的休息，还是请你少来光临为妙吧。

隐晦曲折地表达出自己意图的方法有许多种。这样既维护了彼此的情感，又不至于让自己的事情拖延，实在是两全其美。

18. 没有人爱听命令

> 没有人喜欢接受命令，不要动不动就给别人下达"命令"。
> ——戴尔·卡耐基

有些人常常有这样的困惑：为什么我怀着一片诚意，苦口婆心地进行说服，到头来不仅得不到对方的感激，反而受到周围舆论的讥讽和指责呢？其根本原因是你错把命令当成了说服，没有把握好说服他人的尺度。

张志强是一个酒店的大堂经理，在领导眼里张志强是一个很负责任的人，领导很是赏识他。但他在员工眼里却是一个十分严厉的人，常常用居高临下的姿态来命令员工做事或者毫不掩饰地指出员工的错误，并且命令其改正。

虽然员工们都明白张志强所指出的都是应该改正的地方，但好多员工就是受不了张志强的这种说话方式，这导致在张志强手底下的员工离职率特别高。有的时候张志强也很纳闷：自己管理的没有错，为公司好也是为了员工好，但为什么到头来好多员工却离自己而去？

　　有些人，在说服别人的时候，总是喜欢用一种权威式的语气来命令别人，但是，这样恰恰激化了对方的逆反心理，除了对你的命令不屑，还会在心里产生记恨。所以，在说服别人时，即使对方是你的下属、学生甚至是仆人都不要摆出一副高高在上、发号施令的官腔态度。要知道，只有你和别人在心理上持平，你的说服才让人心服口服。

　　说服的目的是让对方感觉到，这样能为对方带来一定的精神上或物质上的好处。说服的过程就是宣传这种好处，令对方信服，从而采纳的过程。所以，说服别人一定要心态平和、有耐心、说话的语气委婉温和，不要仗着自己比别人有优势，而态度僵硬，说话带着指令的口气，甚至在别人还没有发火的时候，你自己首先火冒三丈，这样说服不成往往使矛盾激化。

　　大量的说服事例表明，因说服而使矛盾更加激化了的情况，主要有两类：第一类是强化了对方本来就不该有的消极情绪，从而火上浇油，扩大事态。第二类是"惹火烧身"，因说服方法不当，激怒了对方，使对方把全部的不满和怨恨情绪都转移到了你身上，你成了他的对立面和"出气筒"。

第八天

口才训练仅需10天

求人办事，谈出情意打动人心

1.不要勉强别人帮你办很难的事

  有些事是力所能及的，有些事则是力所不能及的。对于力所不能及的事情，寻求别人的帮助是个聪明的做法，可不在乎别人的处境和想法，勉强别人去办很难办的事情就不太合适了。

——佚名

  求人办事，不要认为能够帮助我们的人一定神通广大，只要金口一开、大笔一挥，分分钟就能搞定。很多时候，别人为了帮助我们，也要四处奔波，求爷爷告奶奶。如果太过以自我为中心，苛求别人，这样不但办不成事，还可能破坏我们与他人之间的关系。

  阿敏知道以前的同事老于在政府部门掌权后，就去拜访老于，希望通过老于的亲戚把自己从乡下调回城里。老于见老同事有求于他，虽然有些为难，但还是答应了。

  为了帮阿敏，老于去拜托他的亲戚，可亲戚却说没办法。老于就把这个消息带给了阿敏，阿敏听了，认为是老于没有尽力，立刻冷着脸说："你可真不够意思，这么一点小忙都不帮。"她不听老于的解释，硬把带来的礼物交给了老于，让他再帮忙去跑一趟。老于一再强调自己已经尽力了，可是阿敏就是不肯罢休，一口咬定要办这点小事对他来说轻而易举，说完转头就走了。老于看着阿敏放下的礼物，只能摇头叹气。

  即使是关系再好的同事，也不能不顾及别人的难处，一厢情愿地把自己的问题塞给别人，这是极不负责的表现，就像上例中的老于，他日后一定会躲着阿敏走的。

人与人的交往应该建立在相互尊重、互惠互利的基础上，请别人帮你办事，应该把事情控制在不损害别人利益、不让别人为难的基础上。不要穷追猛打，也不要给别人设立一个目标，要求别人一定要做到。千万不要认为别人没有达到你的预期就是"不够意思"，这样的话，下次谁还愿意帮你办事呢？

求人办事贵在知足，别人能办多少就是多少，不可勉强别人。请人帮忙时，最好从最简单的开始。如果你要办的事情的确非常困难，却又非由别人出面不可，那就试着退而求其次，其次不行的话，就再求其次。即使别人为你付出的是举手之劳，你也应该十分珍惜，用心呵护自己的人脉资源。

聪明人都懂得细水长流的道理。不勉强别人，才不会招人厌烦，搞坏彼此的关系。也许某件事情上，别人并没能帮到你，可是下一次，说不定他就能为你雪中送炭。所以你一定要把握好分寸，控制好情绪，充分地尊重别人，别为难别人，也别为难你自己的人脉。

2.关系很铁，也别直言"喂，这件事交给你搞定"

世事洞明皆学问，人情练达即文章。

——《红楼梦》

人情世故的练达也是一门很深的学问，值得人深入研究。不管是亲戚也好，还是朋友也罢，该有的礼节绝不可忽略。即便是非常亲近的朋友，请他帮忙说话也要客气，不能用随随便便的口气让对方为你做这做那。

张斌和刘志清是大学同学，平时关系很铁，互称彼此为自己的"死党"。毕业后，张斌去了一家汽车公司做销售，刘志清则走上了自己创业的道路，他从摆地摊起，一步一步成立了现在的公司。

　　张斌也已经做到了销售经理，他知道刘志清的生意做得好，公司肯定需要配车，就想让刘志清买自己的车。于是打电话给刘志清说："兄弟混得不错啊？你公司规模扩大了，肯定需要配车，这么着吧，你从我这里买好了，肯定给你优惠，就这么说定了啊！"刘志清听了只是简单地说："我考虑考虑吧。"

　　打完电话后，张斌一直等刘志清联系自己买车，过了很久也没有动静，他决定到刘志清的公司去看看。一进公司院门，他就看见院子里一排新车，非常气派，不过是别家牌子的。张斌傻了眼。

　　刘志清之所以没有从自己的好友那里买车，就是因为张斌说话令人不快。就算是朋友，想让对方照顾自己的生意也要客气一些。语气太过生硬随便，朋友会有一种当你小弟，而不是朋友的感觉，心里怎么会舒服呢？

　　求朋友帮忙，语气太过直接强硬，是一种非常不礼貌的行为。有的人根本不考虑别人的感受，自认为关系铁，就直言："喂，这件事就交给你搞定了"，这会给你朋友被迫的感觉。我们都知道求人要说"拜托、拜托"，先要客气地"拜"，才能将事情托付给别人，就算是自己最好的朋友也不能太不见外。

　　对朋友随便，很容易伤害到对方，我们要遵循该有的礼仪循序渐进，这样彼此之间才能相互理解，相互宽容，这样的友谊才能长久。对待朋友我们更要学会将心比心，说话的时候让对方看到自己的庄重礼貌和真心实意，他才会心甘情愿地帮助你。

3.要深谙迂回战术

　　　　以迂为直。

——《孙子兵法》

我们在求人办事的过程中，由于对方的性格、地位、当时的情况等诸多因素，对方不可能立即答应自己的要求，在这个时候我们不能急躁，不妨采用迂回战术，从对方比较感兴趣的话题谈起，不过早地暴露自己的意图，一步步迂回接近目标点。这样的交际策略才有效果。

在春秋的后期，齐相晏子可谓是一个交际大师。一天，齐景公的爱马突然暴死，齐景公勃然大怒，不由分说就要把养马人用刀肢解。这时晏子在齐景公身旁，他见侍卫持刀进来，便不动声色地问齐景公："当年，尧舜肢解人的时候，从谁的身躯开始的？"

齐景公回答道："从自身开始的。"刚答完，齐景公就听出了言外之意，于是下令不杀那个养马人，改口道："那么就罚他下狱吧！"晏子说："这个处罚挺好，但请允许我代大王数数养马者所犯下的罪状，才能让他感到心服口服。"齐景公说："那我就先听一听。"

于是，晏子历数养马人"罪状"道：国君让你养马而你把马养死了，这是第一条罪；而且你养死的是国君最喜爱的马，这是第二条罪；你让国君因为一匹马这样的小事而杀一个人，如果百姓知道，一定会埋怨国君残暴，而且邻国听了，也一定会耻笑国君，轻视齐国，这是第三条罪。

齐景公听完立即说："把养马人放了吧，不要因为这一件小事阻碍了我的仁政。"

迂回战术在人们的日常交往中常表现为一种策略性的智慧。例如人的心理往往会有许多不易琢磨之处，当我们想求人办事的时候不了解别人的想法，这件事肯定是很难完成的。但要直接问别人的想法又显得我们不太尊重别人，在此有几个小技巧可以帮助我们巧妙地利用迂回战术解决问题。

方法一，就是先聊一些与主题无关的事情，比如你想和别人借车，就可以先聊聊天气，因为天气好引出所以自己想开车出去兜风，这时对方也可能有自己的想法，如果对方透露出天气虽好但太热的情绪，这样你借车的概率就会大大提高了。

方法二，找机会与对方身边的人说话，从而进一步了解对方的心情。例如你从对方配偶了解到此时他心情特别不好，这时估计你求人办事的概率几乎就没有了，也就不用白费力气再求人家了。

方法三，暗示，比如你想对方和你一起出去逛街，你可以说"你看人家那谁谁谁，都出去玩了……"，这样有心的人自然会了解你此时想出去玩的心情。

在日常生活中，我们要懂得说话技巧的迂回战术。我们仔细观察会发现，但凡有些心计的人，说话必然犹如迂回婉转的溪流，含蓄委婉；劝谏必然是委言婉致，用巧妙的暗示潜移默化地影响对方的意识。而只有那些不懂得说话艺术的人才会直来直去，让自己的"忠言"逆耳。

4.谈正事之前营造气氛很重要

有了融洽的气氛，才能更好进行更深一步的沟通。

——佚名

谈话的氛围，直接影响着谈话人的情绪和兴趣，因而也就影响谈话的效果。求人办事谈话时，要想让对方乐意谈，谈得有兴趣，谈得有情绪，谈得投入，就要用心创造友好的气氛、营造良好的谈话环境。

郝宇飞和韦丹是以前的老同事，有一次，郝宇飞听说韦丹要开私家车到河北省旅游，而他正好也想去办点事，于是他想去韦丹家里问问，是不是能搭个便车。

到了韦丹家，先是一阵客气的寒暄，然后谈到韦丹每次的旅游见闻，直到谈得他们都忘了时间，郝宇飞才说："听说你们又要去河北省旅游？真是羡慕死你们了。""是呀，打算这个星期就去，你有没有什么要带的东西？""有呀，要不要把我这个人也带去？""当然没问题了。说真的，我们这次去的都是一些陌生的网游拼车,如果你能去,那气氛就更能活跃起来。""那说定了哦!""好,你准备一下,这个星期六就动身。"

  良好的开端是成功的一半。对于求人者而言,愉快的开头是谈话得以深入的关键所在。而谈话气氛是否和谐,与你说话的方式大有关系。如果你和颜悦色地用提问建议的方式取代命令,并给人以维护自尊和荣誉的机会,气氛就会变得友好而和谐,说服也就容易成功;反之,在说服时不尊重他人,拿出一副盛气凌人的架势,那么说服多半是要失败的。

  有些人在求人办事时,总是会遭遇到这样的尴尬,对方无言以对、没有回应、如坐针毡,勉强应对,巴不得交谈早点结束。而造成这种结果的重要原因就是没有掌握好话前气氛的营造过程。

  要避免这些,适当的寒暄是非常必要的。可以先聊一些简单的话题,待气氛融洽后,再"言归正传",如聊聊天气、爱好、饮食等。如果一见面便单刀直入,往往让人感到突兀,势必影响交谈的效果。

  与此同时,谈话时我们的态度一定要真诚。在求人办事时,只有做到真诚,双方才能推心置腹,情感交融,事情才会比较好办。一定要注意,不能油腔滑调,不能恶语伤人,也不能胡乱地恭维人,那会给人一种虚构之感。

  总之,为了营造良好的谈话氛围,使对方对你产生好感,讲话前一定要斟酌仔细,灵活运用技巧,在一个轻松愉快的氛围中达到共同认知的目的,才是求人办事时的最高境界。

5.自信同样为你加分

  谁战战兢兢地提出请求,谁就一定遭到拒绝。

——塞内加

很多人在求人时，觉得那滋味儿实在是不好受，还没等你向人家张口，便自觉矮了一大截儿。不好意思向别人开口或者显得过于低声下气，这样的求人方式大多是不会成功的。相反，如果你说得很有底气、非常自信，会给人留下以后会大有作为的印象，对方就会很愿意帮你。

林海和吴楠几乎是同时进入公司的，两人学历也不相上下。公司每隔三年都会有一个对新人的特别培训机会，而培训归来的人员就很可能会成为下一届的部门领导。这一年的培训名额就落在了他们两个的身上。

名额的最终确定权掌握在黄经理的手里，林海和吴楠为了得到这个宝贵的机会，都在名额确定前夕去找黄经理谈过。

坐在黄经理办公室里的椅子上，林海这样说道："黄经理，求您一定要想想办法帮我得到这次机会，它对于我来说真的很重要。要是得到了这个职位，我一定对您感激不尽。求您一定要帮帮我的忙。"

而三天后来到经理面前的吴楠说："我想获得这次机会的目的是因为它对我来说是一个机遇也是一项挑战，而且我有信心一定能把它把握好，现在就差您的一臂之力了，请您尽可能帮帮忙。"

一个月后，结果公布了，吴楠得到了这次深造的机会。事后，黄经理说："我从吴楠的话语里感受到了他的自信和力量，相信他一定不会辜负我的决定。"

求助于他人时，首先要做到不卑不亢，自信的表现，是一个人谋求个人成功的必备素质。你说出的话要合乎人心，让人听后有如沐春风之感，自然愿意和你亲近。"掌握"住了自己所求的对象，这样，你就能很容易达到求人的目的。

生活中，求人办事是必不可少的。既然必须求人，倒不如求人办事的时候理直气壮些，求人也得求得潇洒、舒坦。求人不必虚张声势、空话连篇，但是也不必灰溜溜、乞哀告怜、任人奚落。如果有什么不好意思，放不下"清高"的架子或者过分地贬低自己，自然也就不能与社会相适应，也难以办成事。况且，一味地忍受屈辱也是行不通的。求人办事时要有自信，这必将会为你加分。

6. "请"人，才能办事

> 礼貌是人类共处的金钥匙。
>
> ——松苏内吉

生活中，我们经常会在一些简单的事情上找人帮忙，比如，找朋友帮忙代取照片、借本书；让同事帮忙倒杯水、拿个资料等，这样的时候，如果你在问题的前面多加个"请"字，说出的话就不会太过生硬、无礼，同事、朋友也就乐得帮你了。

一天，在一家网络公司上班的黄雅莉，在公司整理文件时感到口干舌燥的，想去饮水机旁接一杯水。但由于脱不开身，就对一旁工作的同事说："你去给我倒一杯水来！"但过了一会儿，黄雅莉察觉到这个同事并没有给自己倒水。黄雅莉这时又一次说道："你怎么还没有给我倒水啊。"这时只听那个同事气愤地回应道："就冲你这说话的口气，你就是给我一千块钱，我也不会给你倒水的。"

我们想一想，如果当时黄雅莉说"请给我倒杯水"或"麻烦你给我倒杯水可不可以"效果肯定会比之前好。回过头来想一想，如果别人求你办事，你希望别人怎么对你说话呢？你一定希望别人对你非常客气。那么求别人办事也是如此，如果你说话的口气比对方还硬，那么谁肯帮你呢？

同时，请求别人帮助的时候一定要注重礼貌，"请"字当头，因为毕竟是你有求于人，如果请求别人对疑难问题指点迷津，你说"你好，请教一个问题，可以吗"，总比"喂，你给我看下这个问题怎么解决"要好得多。如果你行走的时候迷了路，你问旁边的路人："你好，请问到市体育中心的路怎么走？"路人就会很乐意告诉你。相反，倘若你说："喂，市体育中心怎么走？"路人会觉得你非常没有礼貌，本来是顺嘴就可以告诉你的事，却也懒得搭理你。

当然,"请"人办事不但要礼貌,还需要态度端正、真诚。你所说的话,对方会从你的表情上、声音里、语气中判断出你的态度是否真诚。聪明人明白,我们的真诚势必换来对方的真诚,但倘若我们懒洋洋地甩出一句:"请你给我倒杯水,好吗?"虽然语言本身客气了,但这样的声音和语气让人听起来首先就有了抵触,再加上这样说话时的表情一定不是非常友好的微笑,那么,你即便是用了"请",但却并没掌握"请"字的分量。这样的"请求",还是少有的好。

7. 姿态要低,方法要巧

> 放低姿态是种人生智慧。
>
> ——佚名

没有人是无所不能的,当有些事仅凭一己之力办不成的时候,就只有求他人帮忙。但是,求别人办事,如果你态度傲慢、自负,说话的口气生硬无礼,那么谁肯帮你呢?所以,有"心计"之人在求人办事的过程中,总是会放低姿态,说话有礼貌,这才是得人相助的关键所在。

张勇准备和赵伟合伙做生意,谁知天有不测风云,在他将一笔巨款交给赵伟的第二天,赵伟突然暴病身亡。张勇立刻陷入两难境地:若开口追款,必然会刺激到赵伟的夫人;但如果不提此事,自己的资金全都在这里,又难以开展别的生意。在帮忙料理完后事之后,张勇这样对赵夫人说:"实在是没想到赵哥会走得这么早,唉,我们的合作本来才刚刚开始呢。嫂子这样吧。赵哥的那些关系户你也认识,不如由你出面把这笔生意继续做下去吧!需要我跑腿的时候尽管说，我不怕吃苦。"结果赵妻反过来安慰他道："这次出事让你生意上受损失了，我也没法干下去，你还是把钱拿回去再找机会吧。"

　　如果你有事想请他人帮忙，就一定要学会放低自己的姿态，最起码的要求就是开口说话要很客气、礼貌，毕竟托人办事是会麻烦对方。如果能用通过抬高对方、贬低自己的方法把有关请求表达出来，就会显得你这个人彬彬有礼、十分有素质。比如：老先生就不要推辞了，学生们都在恭候您呢！

　　想让他人答应自己的请求，最好的方法就是让他人感受到你对他的尊重，乐于从命。有些事儿要先把问题的难度说出来，让人觉得你实在是自己办不到才来请求他的帮助。例如：真不该在这时候打搅您，但是我实在是没有办法了，只好向你借一借。

　　如果在话语中表示人家可能不具备有关条件或意愿的话，自己就不会强人所难，显得很有分寸。先提出部分要求，以便对方顺利接受，然后再步步深入。比如：你帮我解决这一步就可以了，其余的我自己想办法。

　　人的一生要经历千门万坎，千曲百折，遇到事情时自然需要求人帮忙，然而这些所谓的"贵人"的脾气不会个个都是为你量身定做，这就需要不断调整我们的姿态，否则就可能碰壁。学会低姿态，该低时就低，绝非是懦弱和畏缩，而是人生大智慧，是成就事业，巧达目的的资本。

8.从情入手，激起别人的同情心

**　　同情是善良心地所启发的一种感情的反映。**

——孟德斯鸠

　　人都是有感情的动物，真正的铁石心肠的人是不多的。在与人进行交谈并劝说别人接受自己的观点或者是在寻求帮助的时候，动之以情晓之以理，更能加大成功的砝码。

莱特无法自拔地爱上了商人的女儿莎莉亚，但由于莱特是个瘸子，莎莉亚连看都不愿正眼看他一眼。

一天，莱特找到莎莉亚，鼓足勇气问："你相信姻缘天注定吗？"莎莉亚眼睛盯着天花板答了一句："相信。"莱特接着说："每个男孩出生之前，上帝便会告诉他，将来要娶的是哪一个女孩。我出生的时候，上帝也将未来的新娘配给了我，并且告诉我，我的新娘是个瘸子。听到这个消息后，我当即向上帝恳求：'仁慈的上帝，成为瘸子对于一个女孩来说将是多么巨大的悲剧，求你把这个缺陷转移到我的身上吧，再将美貌留给我的新娘。'"

当莱特说完这些话时，莎莉亚开始转过头来看他。她看到莱特的眼睛里充满了真诚，也发现了莱特的可怜之处，这种可怜是需要爱来弥补的。于是，她最终决定把手伸向莱特，成为他的妻子。

感人心者莫先乎情，当你希望说服某人，把话说得在情在理，别人没有不感动的，一旦对方感动了，你的目的就达成了。

人们总是容易同情和怜悯弱者，也较容易答应弱者的要求。所以，当我们有求于人时，就可以装出一副可怜的模样向他们恳求，假如你的说法让对方觉得真实可信、感人肺腑，他们很可能就会心软让步。在某些情况下，这种方法是值得尝试的。

电视栏目里我们常常能看到那些已经成名、生活过得非常富足的歌手、演员，在舞台上含着热泪诉说着他们过去的艰苦生活。虽然在台底下人们经常说这是弄虚作假的，但他们的这种诉说常常能博得人们的同情，能牢牢地抓住别人的心，让别人为他的成名在感情上加分。

在我们生活中，很多事情并不难办到，在求人办事时，不妨说一些比较煽情的话，以情动人，让人产生同情，甚至敬佩之感，以此来达到所想所要的目的。

从情入手说服别人，其实不是让你装可怜，恰恰可以用一句比较流行的词语——"煽情"来概括。这种方式不仅仅适用于那些主持人、演员等，也非常适用于我们普通人。在求人办事时，往往一句话就能左右一个事情的成败，而那些让人感到同情的话却能取得事半功倍的作用。

9.给对方戴个高帽，让他心甘情愿伸出援手

> 很少有人能抵挡住全心全意的关注所暗含的赞美。
>
> ——佚名

很多人，要想达成某个目的，总是想通过别人的帮助来助己成事。这时候，你首先就要博得别人的好感，才能让他为你伸出援手。于是，赞美对方、给对方一个高帽戴，就是许多人求人办事的一个最佳手段。

江超群是研究所的高级工程师，和妻子两地分居10多年了，钱花了很多，礼也送了不少，可妻子就是调不过来。

这事搞得江超群筋疲力尽，但又无可奈何。此时，在他妻子调动过程中起关键作用的某局又换局长了，新上任的局长是从外地来的朱局长，江超群听说这位朱局长能急人之急，为群众办真事、实事，他先了解了几个受朱局长帮助的例子，然后登门拜访。

他一开始没谈自己此行的目的，先是捧朱局长，说他做的比较突出的政绩，是真正为人民做实事的公仆。朱局长也很谦虚，说："哪里，哪里，他们的确有困难，有的已经分居好几年了，就是调不到一起，我只做了我应该做的事。"

到了这个关口，江超群就提出了自己的问题："朱局长，我也有点小事，需要麻烦您，我和妻子已经两地分居10多年了，一直没有解决。本来不打算找了，听大家都在说您的政绩，心中仰慕，来请您帮帮忙。"接着江超群介绍了一下自己的情况，朱局长让他回去静候佳音。果然，一纸调令到

手,江超群一家团聚了。

每个人都希望得到别人的赞美,每个人都对别人有一份期待,希望得到尊重,希望自己应有的地位和荣誉得到肯定和巩固。因此,你若能恰如其分地赞美别人,正好可以满足对方的这个心理,他对你产生了好感,才会帮助你成大事。

然而,虽然大家都爱听赞美的话,但是赞美也要注意方法,并非任何赞美都能使对方高兴。比如,有一个人长得很像某位电影明星。当他和朋友一起出来玩时,首次见到他的人总是说他和某个明星长得很像。通常被认为与某个名演员很像,大多不会生气,但这位老兄听着心里就是不舒服。因为那位电影明星专演冷酷反派的人物,因此别人说他们相像,虽然是赞美,却也等于在指责他的缺点。

所以说,赞美也是门大学问,一定要有策略。只有别出心裁的赞美,才能打动对方的心。最好赞美他的一些闪光之处,也可以赞美他的一些不为人知却自以为得意的事,或者针对其过去的事迹、行为或身上的优点等做适当的赞美。比如到别人家做客,主人喜欢养金鱼,你应该试着去欣赏那些鱼的美丽;主人爱养花,你应该去赞美他所养的花草。赞美别人最近取得的工作成绩,赞美别人心爱的宠物,要比说上无数空泛的客气话要有效得多。

任何赞美的话都一定要切合实际,与其乱捧一场,不如赞美房子布置得别出心裁,或赞美一个盆景的精巧,或赞美装饰的精致,要注意欣赏他人的爱好与情趣。

10. 找准所求人心理的薄弱点,"恭"其所需

攻其一点:迅速争得主动权。

——《毛泽东兵法》

第八天 求人办事，谈出情意打动人心

求人办事不但嘴上功夫要到家，更重要的是要掌握其心理的薄弱点，"恭"其所需，不仅要让对方从我们的话中领会到肯定、理解、欣赏和羡慕，还要说得恰当，否则就如隔靴搔痒，即使找到了对方的痒处，也起不到什么作用。

张新华趁着周末去市中心的一家图书馆看书，因为那天下着雨，他就打着妻子在结婚后送他的雨伞出发了，等他看完书要回去的时候，却发现伞被人拿走了。

因为是妻子送的礼物，他倍感珍惜。所以他花钱在很多报纸上刊登了广告，可是一个星期过去了还是没有一点消息。苦恼的张新华打电话向朋友诉苦，说这年头的人太不实诚了，连一把伞都不放过。

朋友听完他的话，就问他广告上写了什么，他说："我是这样写的：'本人于上星期日傍晚于图书馆遗失黑色绸伞一把，如有仁人君子拾得，烦请送到长春路24号，必有酬谢。'难道不应该这样写吗？"

朋友听后说，当然不行，你这样写永远也不会找回伞。你按照我说的话去登，如果还找不回来，我愿意赔你一把。张新华按照朋友说的又登了一遍，没想到第二天早上，院子里就有十来把伞了。张新华那把黑色绸伞也夹在中间，有的伞上面还挂着字条，说没留心拿错了，恳请失主不要声张。

原来朋友说的广告是这样的："上星期日傍晚，有人曾见某君从图书馆取走雨伞一把，取伞者如不愿招惹麻烦，还是将伞速速送回，此君为谁，尽人皆知。地址……"

那些人之所以能将雨伞迅速送回，就是因为广告具有杀伤力，牢牢抓住了人性的弱点。只有出奇制胜，才能达到想要的效果。求人办事，就得把握好对方的脾气爱好和欲望所需，揣其所思，投其所好，让对方感到自然愉悦，对方才肯为你的事儿付出代价，这时，你就达到目的了。

张晓丽是一名保险推销员。她今天的目标是一家文化公司的总经理。一大早，她就来到了写字楼前。进去之后，发现公司经理正在忙着工作。在做

了自我介绍之后,张晓丽立刻说道:"哇,好气派啊!我从来没有见过这样精致漂亮的办公室。如果我有一间这样的办公室,我这一生的心愿就都满足了。"总经理微笑看着她,就这样开始了他们的谈话。谈话过程中,张晓丽有多次透露出对办公室的赞美和羡慕,让总经理的虚荣心得到了极大的满足,并且炫耀地带着张晓丽参观了整间办公室。结果就是在这种轻松的谈话间隙,张晓丽成功签得了保单。

想要达到自己想要的目的,我们不一定需要拍马屁的好本事,但是一定要肯花时间去赞美对方,他想听什么你就说什么,千万不要吝啬自己的语言。只有"恭"其所需,让对方得到充分的自我满足,你成功的概率也就越大。

比如,你是做化妆品生意的,刚好顾客的小女儿跟在妈妈后面,一定要找准时机将她的女儿夸赞一番,她不漂亮你可以夸她可爱,如果你觉得她不可爱,就夸她机灵;如果你要求的人是一个影迷,即使你不喜欢,也要和他聊一聊电影,还可以请他到电影院看一场他喜欢的电影。要想达到求人办事的目的,就要恰当地赞美别人。找准对方的薄弱点,了解他现在的心理需求,你让他的内心得到了满足,他也一定会满足你的要求。

11.求人办事,遭到拒绝后坚持言语和气

心急吃不了热豆腐。

——中国俗语

生活中,当我们需要得到他人帮助的时候,却看到他人正在忙于工作,埋头苦干,似乎没有时间帮助你,也让我们不忍心打断他们认真工作的状

态，一般情况下，这类人都是非常难以搞定的。所以在求他们办事的时候就要有足够的耐性，哪怕遭到拒绝也要心平气和，然后再耐心寻找突破口，软磨硬泡达到自己的目的。

小科劳德的母亲弗朗索瓦兹·吉洛特十分爱好绘画，一入画室便不容有人打扰。一次，儿子想让妈妈带他去玩，可吉洛特已全身心投入绘画上，听到敲门声和儿子的喊声，只是回应了一声"哎"，仍旧埋头作画。过了一会儿，儿子又说："妈妈，我爱你。"可得到的回应也只是："我也爱你呀，我的宝贝儿。"门还是没开。

儿子又说："我喜欢你的画，妈妈。"吉洛特高兴了，她答道："谢谢！我的心肝，你真是个小天使。"可仍旧不去开门。儿子又说："妈妈，你画得太美了。"吉洛特停下笔，但没有说话，也没有动。儿子又说："妈妈，你画得比爸爸好。"吉洛特的画当然不会比丈夫——绘画艺术大师毕加索画得更好，但儿子的话却句句说到了她的心里，使她内心涌出一种甜蜜的感动。她也从儿子那夸张的评价中感到了儿子的迫切心情，最终还是把门打开了。

生活中有不少这样的人，求人帮忙，一旦说出自己的请求，就恨不能对方即刻帮你搞定，丝毫不去考虑对方的实际情况。如果人家没有迅速解决，就心急火燎，最后弄巧成拙。面对妈妈的一再拒绝，小科劳德没有轻易放弃，也没有恼羞成怒。通常大多数的孩子在遇到第一次的拒绝之后都会大哭大闹，在求人办事的时候，我们也应该像小科劳德一样，用耐心和智慧去追求自己想要的结果。

这就要求我们，在求助于别人前一定要摸清对方的脾气，如果对方是那种善于帮助别人的人，在我们提出需要帮助，他没有回应这种状况时我们应该耐心地等待或稍加提醒。如果对方脾气火爆、急躁，直接提醒必然会惹得对方愤怒，最好的方法就是找其身边的人，旁敲侧击地了解他的情况，再进行下一步打算。

其次就是即使别人拒绝了我们，我们也应该心平气和地接受，并表示谢意。如果我们表示出愤怒的话，很可能失去这个朋友或同事。如果以后再有什么事情要求人家帮忙的话，人家肯定不会帮助你了。

12.入情入理的话更有说服性

> 动之以情，晓之以理。
>
> ——中国谚语

在现今社会中，当我们和其他人的意见相左时，为了更好地完成工作或是想要得到别人认同并给予自己帮助，我们就需要去说服对方，以期达到自己想要的结果。真正站在对方的立场上，为对方着想，并全面分析双方的利弊得失，说话真诚，语气亲切随和，不卑不亢，入情入理，这是成功说服对方的真谛之所在。

有一家大型公司的总经理要租用一家旅馆的大礼堂开一个经销商会议。刚要开会，对方通知他要付比原来高三倍的租金。没办法，总经理去找旅馆主管交涉。他说了下面这番话："我接到您的通知时，有点震惊。不过这不怪您，假如我处在您的地位，也许也会写出同样的通知。您是这家旅馆的经理，您的责任是让旅馆尽可能多赢利。您不这么做的话，您的经理职位难以保住。假如您坚持增加租金，那么让我们来合计一下，这样对您有利还是不利。先讲有利的一面，大礼堂不出租给开会者而出租给举办舞会、晚会的，那您可以获大利了。因为举行这一类活动的时间不很长，他们能一次付出很高的租金，比我的租金当然要多得多。租给我，显然您是吃大亏了。

"现在，再考虑一下不利的一面。首先，您增加我的租金，反而降低了收入。因为实际上等于您把我撵跑了。由于我付不起您所要的租金，我势必再找别的地方举办会议。还有一件对您不利的事：这个会议的参加者来自全国各地，他们的社会地位、文化教养、受过的教育都在中等以上。这些人到旅馆来开会，对您来说，这难道不是起了不花钱的活广告的作用吗？事实上，假如您花5000元钱在报刊上登广告，您也不可能邀请这些人亲自到您的旅馆参观。可我的会议为您邀请来了。这难道不合算？请仔细考虑后再答复我。"

如此入情入理的恳谈，任何人都无法拒绝。最后，旅馆经理向那位总经理让步了。

说服的过程，实际上就是一个情感互融的过程。人都是有感情的高级动物，真正的铁石心肠的人是不多的。在与人进行交谈并劝说别人接受自己的观点或者是在寻求帮助的时候，入情入理的话更有说服性，更能加大成功的砝码。所以，感情是说服的唯一纽带，如果不能投入感情，整个说服过程就显得干巴巴的，让人听得很不舒服！

请人办事说话要做到入情入理，首先做到客气。我们想一想如果这位总经理要说把对话中的"您"换成"你"的话，我们反过来再念一遍是不是显得有点没有礼貌，念着很不舒服？

其次我们给出的承诺要真实可靠，假如我们在求他人办事的过程中，承诺到时候要怎么样，然而我们自己却没有兑现我们的承诺，就像我们向别人借了10000元，说日后连本带息一起还上，但到了最后，拖拖拉拉地还完了10000元，利息的事情就再也不提了，这样的话估计那个人再也不会帮助你第二次了。

所以求助他人帮忙一定要心诚态正，这次你表现得好，下次再请别人帮忙他照样还会乐于帮助你。

第九天

口才训练仅需10天

讨人喜欢必备神器：会赞扬巧批评

1. 背后偷偷赞美别人更显诚意

背后赞美有时候会起到你意想不到的效果。

——佚名

人们通常认为，当面说别人好话、恭维别人的水分较多，说得再好听也不全是真心实意的表露；而在背后说一个人的好话通常被认为是真实想法，所以能引起当事人的重视，人家才会领你的情，并对你产生好感。

南北战争开始时，北方联军连吃败仗。后来林肯大胆起用了一位将军——尤里斯·格兰特。格兰特出身平民，衣着不整，言语粗俗，行为莽撞，有人还说他是个酒鬼。林肯心里明白，所有对他的传言都是夸大之辞。

后来，传言愈演愈盛，竟然有人要求林肯撤掉格兰特的军职，其理由是说他喝酒太多。林肯则不以为然，他赞扬格兰特说："格兰特总是打胜仗，要是我知道他喝的是哪种酒，我一定要把那种酒送给别的将军喝。"当时格兰特并没有在场，当他听别人说林肯总统赞扬自己时，异常的兴奋，于是他暗下决心打赢战争。

格兰特果然没有辜负林肯的信任，为结束南北战争立下了赫赫战功，证明自己的确是一位能力卓越的将军。后来，他成为美国第十八任总统。

试想，如果别人告诉你：某人在你背后说了关于你的不少好话，你会怎么样，肯定不会不高兴吧？这些好听的赞美话，如果当着我们的面说给我们听，或许反而会使我们感到不可信，或者疑心他有什么别的目的。

这就告诉我们，如果我们想和一个人达成融洽的关系，就可以多在第三者面前去说这个人的好话，这是一种最有效的方法。假如别人对你说："某某朋友经常对我说，你非常有才华，他很钦佩你。"你会感到非常愉快。那么，我们要想让对方感到愉悦，就更应该采取这种在背后说人好话的策略。因为这种赞美比起对一个人当面说"先生，我是你的崇拜者"更让人舒坦，更容易让人相信它的真实性。

在背后说人的好话，有的时候还有一箭双雕的功效。比如，你夸你的同事，说他为人正直，对你的帮助很大，而且从来不抢功。以后，你的同事在"抢功"时会有所顾忌，因为你对他"从来不抢功"的评价把他抬到了高架子上，想下却不容易。同时，你在背后说朋友的好话，说他是个很讲义气的人，也会让朋友在享受赞美的同时，以这个赞美来要求自己。

2.别让你的赞美之词引起误解

赞美的话说不好反而会弄巧成拙。

——佚名

不会说话的人，赞美的话听起来像讽刺、像挖苦。明明想要夸赞对方，却屡次将事情搞砸，让对方误会曲解自己的意思。久而久之，对方会以为你对他有敌意而疏远你。

王志和高洋在同一单位工作。有一次，单位举行篮球比赛，由于王志是篮球队的主将之一，高洋也前往捧场。当他看见王志第二次投不中时，他用力鼓掌并大声叫喊："不中不要紧，精神可嘉！"结果王志第三次仍然没有投中，高洋又说："再来一个，总有投中的时候嘛！"王志再投还是没投中，高洋继续进行他的夸赞："命中率有进步！"如此这般，在整场比赛中高洋自以为是地给王志捧场，实际上却让王志听起来像在奚落他、挖苦他。赛后，王志黑着脸走了，高洋还在原地莫名其妙。

在一次讨论方案的会议上，王志刚刚说完自己的设想，高洋就说："王志花了这么大的工夫，搞了这么一堆材料，一定很辛苦，我一句都没听懂，看来是我的水平太低，需要王志给我多指导指导了。"

王志非常生气地说："有意见可以提，你用这种口气是什么意思？"高洋目瞪口呆，讷讷地争辩道："我没有别的意思啊！"

高洋错就错在不会说话，对方没有投中，就不要再继续"赞扬"了，否则听起来就像讽刺对方没有进球。而"一句也没听懂"这样的话本意是想抬高对方，却让对方误解成说他的设想不行，让人听不明白。赞美也是需要技巧的，一个不小心，话的意思就变了。

在赞美别人的时候，要避免让自己的话显得太过生硬、无礼，以免让人心生误解。试想，如果你说出的话就如石头一样硬邦邦地砸在别人心里，即使你是心存善意，也必将落个吃力不讨好的结果。例如对方本来就做了个失败的事情，这个时候就不要赞美了，应多些安慰、鼓励的话语，例如把"虽然失败了，但精神可嘉"换成"别气馁，加油"。还有的时候人们总是喜欢拐着弯地赞美别人，结果绕来绕去让人怎么听都是在埋汰自己，例如"你这脑子太灵了，地球上已经放不下你了"。如果我们不能熟练地掌握夸人的语言，完全可以直接地赞美出来，例如："你太棒了！""你好厉害！""完美！"这样反而叫人听了更为高兴。

3.多说"谢谢"：感激也是一种赞美

有时候一句感谢的话能胜过黄金白银。

——佚名

"谢谢张总，没有你的指导，我根本不能完成这次任务。"

"李主任，多谢你在我泄气的时候给我打气，不然我早就放弃了。"

"刘经理，谢谢您这几天对我的这些帮助，让我明白了很多道理。"

"陆主管，谢谢你那天为我解围，不然在客户面前，我把公司的脸都丢尽了。"

……

赞美上司是一种技巧，需要好好修炼，赞美上司更是一门艺术，这会增加你与上司的感情，缩短与上司的距离，有时候说声"谢谢"看似平常和简单，可它却能引起领导对你的好感，成为顺利工作的促进剂。因为感激也是一种赞美。

汪晟元是部门最不受欢迎的员工，也许是因为自己是新人？和自己一同进来的小李就挺受领导喜欢的。也许是因为自己业绩不好？但几个老员工的业绩还不如自己呢。于是汪晟元相信了父亲的话，都怪自己那张不会说话的嘴。

上个月，汪晟元却碰到了一个美差，汪晟元最喜欢旅游了，而这次领导居然派自己代表公司去内蒙古考察开会。汪晟元喜滋滋的，不过后来听同事说，原来这个机会是没有人去了才轮到他的。不过汪晟元不介意，在接到领导的任务之后，不禁对领导说了声：" 谢谢，感谢领导给我这个机会，我一定不会辜负领导的厚望的。"领导听了平时不会说话的汪晟元今天说了这么多溢美之词，甚是欣慰。

你对领导的一句"谢谢"，让领导感到自己的价值，让领导知道自己在你心目中的地位，因为这样的感谢，是对领导的一种肯定和赞美。

当领导派给我们任务，当上司交给我们差事，当我们收到领导的赞扬，当我们在工作上取得成绩，我们需要向领导表达感谢之情，你的感谢是对他们工作的最大赞美，因为他们培育出了这样一个工作出色又懂得人情世故的你。我们可以用一点小礼物来表达我们的感谢，也可以简单而真诚地说声"感谢您对我的栽培""感谢您的信任""谢谢您的帮助""谢谢领导的关心"……

4. 物往贵处说，人往年轻讲

遇物加钱，逢人减岁。

——中国谚语

"物往贵处说，人往年轻讲"。尤其是与女性聊天的时候，如果不懂得这两条规范，往往就会让女性反感。"物往贵处说"这个方法很能讨对方欢心，而操作起来又很简单，你只要对对方购买的价格高估就可以了，当然"价格高估"也要注意，首先你要对商品的物价心里有底，其次是不能过于高估，否则就变成了故意吹捧。

李楠最近被公司指派了一个跟一家大企业谈生意的任务，这个任务很艰巨，都说对方公司的女谈判代表非常能言善辩，甚至软硬不吃，总是希望让自己公司利益最大化。但是做成了这笔生意的提成也是非常巨大的，这让李楠跃跃欲试，打算挑战一下这个传说中的"铁娘子"。

李楠约好了和对方女谈判代表在一家咖啡厅谈合作事宜，他早早来到咖啡厅等着女代表的到来。没过多久，女代表终于来了，穿了一件非常利落高贵的女式黑西服，坐在了李楠对面。

李楠连忙打了招呼，坐稳定了之后，李楠说："您的西服非常漂亮，挺配您的身材的。"对方不置可否，李楠只好又说："我猜您这西服一定很贵吧，我有一个朋友就是开西装店的，这样质量的西服最少也得1000多块吧。"女代表面容缓和地笑了笑，说："哪啊，不到700块买的，砍价砍了好久呢。"说完两个人都被逗笑了，谈判也在轻松的气氛中进行了下去。

女人都是有虚荣心的，比如她买了一件一百块钱的衣服，被人认为只需要70元就能买下时，就会让她产生一种失落感，在这个时候谈话就很难再进行下去了。相反如果你把"物价"往上抬高那么一点点的话，就会给对方一种"很会买东西"的自信和虚荣，对方常常会说："哪里，只用了70块而已。"正是这种心态的存在，"物往贵处说"这种说话技巧便有了用武之地。

这样做的好处在于，当你想要和一位女性打开话题时，或者想要找到一个让别人注意到你的机会时，利用这种几乎每个女人都乐于接受的赞美来打开局面是非常容易的。

还有一种赞美女人的方式，那就是"人往年轻讲"。女性的年龄莫不可测，不能随意询问，更不可出了差错。她们大都非常在意自己的年龄，又更在意自己在别人心里的年龄，这个时候如果你能把她们的年龄往小了说，肯定会讨得对方欢心的。

比如你见到一位中年妇女或已为人妻的女子，你要是夸她长得像十八岁的大姑娘，肯定能把她美坏了。其实说白了，"物往贵处说，人往年轻讲"就是投其所好，当然我们的出发点是光明的，"投其所好"无论是对自己、对方都是没有害处的，而且这种说话技巧往往能给对方带来快乐，对于这样的"无害的奉承"多多掌握一点对你的人生也是有好处的。

5.赞美对方不易为人知的优点

美无处不在，缺的是发现美的眼睛。

——罗丹

当一个人听惯了别人的赞美之后，你的赞美似乎就不会再有那么大的魔力了。比如，对一个事业有成的女人来说，如果你经常夸她有能力、有才干，她几乎每天都听到这样的赞美，你再怎么费力地赞美她，她也不会觉得有什么特别。但如果你对她说："你的眼睛非常迷人，你不论坐着、站着还是走路的时候，都是风度翩翩。"相信她一定会喜上眉梢，认为你是一个很有眼光的人。

我们要善于观察，发现对方不为人知的优点加以夸奖，才能挠到对方的"痒处"。赞美对方不易为人知的优点就是让赞美重新获得魔力的重要方法。

法国总统戴高乐1960年访问美国时，在美国总统尼克松为他举行的宴会上，尼克松夫人费了很大的心思布置了一个鲜花展台，在一张马蹄形的桌子中央，用鲜艳夺目的热带鲜花衬托了一个精致的喷泉。

戴高乐一眼就看出这一定是主人为欢迎他而精心准备的，不禁赞不绝口："女主人真是心思巧妙，这么漂亮、雅致的计划与布置一定花费了很多时间和精力吧！"尼克松夫人听后，喜悦之情溢于言表。

也许在其他人看来，尼克松夫人布置的鲜花展台不过是她作为一位总统夫人的分内之事，没什么值得赞美的；但戴高乐却能领悟到她的苦心，并因此向尼克松夫人表示了特别的肯定与感谢，从而也使尼克松夫人异常高兴。

称赞一个人时，与其称赞她最大的优点，不如发现她最不显眼甚至连她自己也未曾发现的优点。因为她最大的优点已成为她性格中的一部分，在任何人看来都已是不足为奇的了。

如果经常称赞一个人这样的优点，可能会让这个人产生反感；而那些小小的优点，因为从未有人发现或很少有人发现，因此也就弥足珍贵。而你的发现与称赞为对方增添了一份对自己的认识，也增加了一次重新评估自己价值的机会。同时，你不同凡响的观察力还会获得对方的器重。

6. 头衔虽然是无形的，却让人觉得很有面子

人类本质里最殷切的需求是：渴望被肯定。

——威廉·詹姆士

生活中，人人都有虚荣心，很多人不仅喜欢自己的成绩努力被别人客观地肯定，更乐于自己被别人夸大地赞美，他们喜欢戴高帽子，喜欢虚名，因为一顶高帽子一个虚名一个头衔，总能让他们自己感到很有面子。

既然如此，我们就不要吝啬自己的赞美之词，时常地给人送上一个美丽而荣誉感十足的头衔，也能够起到催化剂的作用，让我们与对方之间的交流变得愉快而深入。

闻驹治辞职后想自主创业，万事俱备只欠东风，公司也批下来了，启动资金也齐全了，现在最缺的就是人才。公司刚刚起步，规模小，所以吸引不了高水准的人才来公司，于是闻老板动起了朋友的念头。

闻驹治大学好友刘斌可是个设计天才，获得过好几次设计大奖，让刘斌来公司正合适。不过刘斌虽赋闲在家，却是个傲慢又懒散的家伙，请他出山还得动点脑筋。

那天，闻驹治直奔刘斌家去请他，刘斌果然一口拒绝："哥们儿，你也不是外人，直接跟你说了，我就是不想朝九晚五地工作，我爱自由。你懂的。"

"好啊，你随意，想来就来，公司就是你的家，只要不是天天不着家，都行，"闻驹治顿了顿说，"刘斌，你可是我们系的设计天才，人称设计刘啊，大学时候你小试牛刀就不知道拿过多少奖呢。"

刘斌听了哈哈大笑："那是，我都是灵光一闪，谁像那些书呆子啊。"

闻驹治马上附和："所以你就是天才设计师啊，天才是灵感加汗水组成的，你的灵感可是稀世珍宝。你要是来我们公司，肯定能发挥你的特长，灵光那可不仅仅是一闪而过的，那可是会闪闪发光的。一定能再拿几个全国大

奖，给那帮曾经跟你叫板的人瞧瞧……"

经过闻驹治的游说，刘斌终于出山。

想要达到自己的目的，不妨把美好的头衔和虚名送给别人，这样会让对方觉得很有面子，从而答应我们的要求和接受我们的建议，给别人面子，自己获得里子，送出虚名从而求得实惠，实在，聪明，双方各取所需，何乐而不为？

当然，我们在送给对方头衔的时候，还要注意几点，这个头衔必须是恰如其分的，不然可会给人一种牵强附会攀炎附势之感，其次这个头衔要具体，当头衔具体时，我们的赞美就更可信，如"书画界的巨擘""商界精英""贤妻良母""最佳男友"等都是具体而有面子的头衔。

对于一个社交高手来说，送人头衔的重要性不言而喻，它在别人心里所起的奇妙的作用，让我们和对方之间的距离缩短，博得对方的好感。如果你想人际关系更加和谐，想要促成自己的美事，那就不妨从今天开始试着送别人一个头衔吧。

7.赞美的话不是越多越有效

赞扬，像黄金钻石，只因稀少而有价值。

——塞缪尔·约翰逊

赞美的词说多了，就会变成奉承的话。会赞美的人，非常懂得在赞美时控制好火候，将强弱分寸都拿捏得很得当，张弛有度，收放自如。物以稀为贵，就像一道人间美味，如果你给对方一些品尝品尝，他会觉得味道美得难忘。

王新到一位年轻的小公司老板那里去推销保险。进了办公室后,他便赞美年轻老板:"您如此年轻,就做上了老板,真了不起呀,在我们国家是不太多见的。能请教一下,您是多少岁开始工作吗?"

"17岁。"

"17岁!天哪,太了不起了,这个年龄时,很多人还在父母面前撒娇呢。那您什么时候开始当老板呢?"

"两年前。"

"哇,才做了两年的老板就已经有如此气度,一般人还真培养不出来。对了,你怎么这么早就出来工作了呢?"

"因为家里只有我和妹妹,家里穷,为了能让妹妹上学,我就出来干活了。"

"你妹妹也很了不起呀,你们都很了不起呀。"

就这样一问一赞,最后赞到了那位年轻老板的七大姑八大姨,越赞越远了。这位老板本来已经打算上王新的保险的,最后也不买了。

后来,王新才知道,原来那天自己的赞美没完没了的让人生厌。本来刚开始时,年轻老板听到几句赞美后,心里很舒服,可是王新说得太多了,搞得他由原来的高兴变得不胜其烦了。

如果你喜欢吃红烧肘子,那么让你一天吃三顿,你会有什么感觉呢?大概连着吃不了三顿,就腻了,厌了。就像食物一样,赞美的语言不必多,但一定要精,要准。虽然大家都喜欢被称赞,但是如果你用一连串的赞美轰炸对方,恐怕对方只有想逃跑的愿望。

赞美的话,一定要恰如其分、恰到好处,要让对方感到很舒服;如果赞美得多了,会过犹不及,使得赞美没有新鲜感,让对方吃不消,撑着肚子。所以赞美他人时,要获得对方认同,就应该善于抓住每件事情的重点来说自己的感受,让对方能够感受到,你可以直接认可他最核心的东西。

由此可见,赞美别人绝对不是单纯的赞语的堆积,懂得赞美的人在赞美对方的时候,不会一股脑地把赞美的语言抛出去,而会选择时机,巧妙地把几句赞美的语言不动声色地送去。

8.赞美不到位，吃力不讨好

> 世界上有两件东西比金钱和性更为人们所需，它们就是认可和赞美。
>
> ——玛丽凯

赞美能给人带来愉悦和心理满足，不过，虽然人都喜欢听恭维的话，但并非任何"赞美"都能打动人心。有的时候，赞美不得当、不到位，再怎么挖空心思说一大堆溢美之词，对方也是反应平平，甚至听了你的赞美会越发难堪。

一个人听说，外国人非常喜欢他人的赞美，特别是外国的女人，最爱听人们夸她们漂亮。后来，他出国了，就试着去赞美别人，效果不错。

一天，他去超市，迎面走来一位很胖的中年妇女。他习惯地说："哦，女士，你真漂亮！"

不料那位妇女白了他一眼，不满地说："先生，你会不会说话啊？"

这个故事告诉我们，如果不是真心的赞美，可能会让人反感，自然而诚恳的赞美才更能深入人心。

赞美他人一定要合情合理。如果有人对一位环卫工人进行这样的赞美："你真是一位成功人士呀！你具备非凡的气质，你是一位非常伟大的人！"对方一定会认为这人是在故意讽刺自己，因为这些话跟他的距离实在相差太远。

要恰如其分地赞美别人确实是件很不容易的事。为了让对方坦然说出心里话，必须尽早发现对方喜欢被人称赞的地方，然后对此大加赞美。平时与人交往的时候，要多花点心思注意一下对方最关注的地方，比如得意之处、兴趣爱好等，赞美他的时候，就可以从这些地方入手，比漫无目的、无关痛痒地矫夸一遍更能让对方青睐有加。

同时需要注意的是，在尚未确定对方最引以为豪之处前，最好不要为了标新立异而胡乱称赞，以免自讨没趣。试想，一位原本已经为身材消瘦而苦恼的女性，听到别人赞美她苗条、纤细，又怎么会感到由衷的高兴呢？像这样称赞不得法，反而会遭到排斥。

总之，夸赞别人的时候一定要实事求是，讲究分寸。赞美的话语一定要真诚、适度，所说的情况一定要属实，不可任意编造或夸大做出失实的评价，以免弄巧成拙。太过浮夸的赞美只会让人觉得反感，觉得你为人虚伪，甚至会认为你语含讽刺，最后弄得双方不欢而散。

9. 将批评隐藏在肯定中

先肯定后批评，可将伤害降到最低。

——佚名

当面指责他人，只会造成对方顽强的反抗。在劝告批评他人时，如果语言能够柔和和婉转一些，那么既能指出别人存在的问题又能维护他人的自尊心。

美国最伟大的牧师、演讲家亨利.华德比奇尔于1887年3月8日逝世。华德比奇尔影响力巨大，被世人评价为"改变了整个世界的人"。为了纪念他，一个演讲纪念大会将举行，而莱曼·阿尔伯特应邀向那些因为华德比奇尔的去世而哀伤不已的牧师们演说。

由于急着想表现出最佳状态，阿尔伯特把自己的演讲稿改了又写，写了又改。在做了精心的润色后，他读给了妻子听，让她给予意见。妻子感觉写得很不好，就像大部分写好的演讲稿一样。假如她的判断力不够，她可能就会说："莱曼，你写得太糟糕啦，这样不行，你如果真的读了这样的稿子给听众，他们肯定都会睡着了。这念起来就像是一本百科全书。你都已经演讲这么多年了，怎么还会写成这样呢？天哪，你怎么不能像普通人那样说话呢？你难道不能表现得自然一些吗？如果你想自取其辱，就读这篇文章吧。"

但是，幸好她没有这样说，她说的是："莱曼，这篇演讲稿如果刊登在《北美评论》杂志上，将会是一篇极佳的文章。"

莱曼·阿尔伯特一听就明白了她的意思，她称赞了这篇演讲稿写得很好，但同时又很巧妙地暗示，要是把这篇讲稿用来演说，将不会有好的效果。于是，他把自己精心准备的原稿撕掉，后来演讲时甚至都不用笔记了。

婉转地批评他人，可以使别人更容易接受，批评也会更有效。比如，理发师给人刮胡子时，他会先给人涂些肥皂水，为什么呀？就是为了刮起来使人不觉得痛。

同样，当我们把对他人的批评隐藏在前后肯定的话语之中，将减少批评对他人的负面影响，使被批评者能够愉快地接受意见。这种以赞美的方式巧妙代替批评的说话方式，既简捷，又很容易达到目的。

10. 会绕圈子，不碰钉子

> 你不要着急！我们所走的路是一条盘旋曲折的山路，要拐许多弯，兜许多圈子，时常我们觉得好似背向着目标，其实，我们总是越来越接近目标。
>
> ——勒农

大多数人会认为说话做事绕圈子，显得虚伪。但是，换位思考，有谁愿意听你不加思考地将对方批得体无完肤还对你感觉良好呢？

就好比走一段崎岖的山路，前方山高路险、磕磕绊绊，或许我们走到一半因为没路还得原路返回。如果我们在最初的时候就从另外一边绕过去，不但安全，也节省了时间。说话也是如此，对某些棘手的情境，会绕弯子，才不至于碰钉子。

张京做公交车售票员十多年了，颇受乘客与单位领导的好评，因为无论遇到什么情况，她从来都没有发过火，她的声调永远是柔和的，嗓音永远是优美的，最重要的是她的语气是婉转的，让人听着就舒服，不由自主地被她所感染。

一天傍晚，正逢下班高峰期，公交车上拥挤不堪，而这时又上来一位抱小孩的妇女。张京像往常一样对乘客喊道："哪位同志给这位抱小孩的女同志让个座？谢谢了。"也许是太拥挤了，没想到她连喊两次，都无人响应。

张京就站起来，用期待的目光看了看靠在窗口处的几位青年乘客，提高嗓音说："抱小孩的女同志，请您往里走，靠窗口坐的几位小伙子都想给您让座儿，可您得先过去。"

话音刚落，"呼啦"一声，几位小伙子都不约而同地站了起来让座。这位女同志坐下之后，只顾喘气定神，忘记对让座的小伙子道谢，小青年面有冷色。

张京看在眼里，心里顿时明白，她忙中偷闲，逗着小孩说："小朋友，叔叔给你让个座儿，你还不谢谢叔叔。"一语提醒了那位妇女，连忙拉着孩子说："快，谢谢叔叔。"那位小青年听到小孩道谢，忙笑着说："不客气，不客气。"

说话要考虑到对方的情绪，让对方容易接受。多绕几个弯子，就一步步弱化了消息的负面刺激，给对方一个情绪缓冲的时间。这样对方会有一个心理适应过程，而你也最大限度地避免了碰钉子的可能性。

11. 识破别点破，面子上好过

> 如果你已经胜了，不妨退后两步，再收回兵刃，就算旁边有人瞧着，也不知谁胜谁败。给敌人留了面子，就少结了冤家。
>
> ——金庸

时下仍有不少人视"心直口快"为美德，即使因言语不当而产生矛盾，他们也每每以"我说话只会直来直去，不会拐弯抹角"为理由替自己开脱。殊不知这"心直"固然可嘉，但"口快"却未必值得称道。

在上海一家著名的大酒店，一位外宾吃完最后一道茶点，顺手把精美的景泰蓝食筷悄悄"插入"自己的西装内衣口袋里。

服务生不露声色地迎上前去，双手擎着一只装有一双景泰蓝食筷的绸面小匣说："我发现先生对我国景泰蓝食筷颇有爱不释手之意。非常感谢您对这种精细工艺品的赏识。为了表达我们的感激之情，我代表酒店，将这双图案最为精美并且经严格消毒处理的景泰蓝食筷送给您，并按照大酒家的'优惠价格'记在您的账簿上，您看好吗？"

那位外宾当然会明白这些话的弦外之音，他取出内衣袋里的食筷恭敬地放回餐桌上，在表示了谢意之后，接过服务生给他的小匣，不失风度地向付账处走去。

张大千画了一幅《绿柳鸣蝉图》，画上是一只大蝉俯趴在柳枝上，蝉头朝下，做欲飞状。

齐白石见了这幅画，对张大千说道："大千先生此画极为传神。不过，我以前画蝉，曾向一位农人请教，据他说蝉的头都是朝上的，极少有朝下的情况。当然，这也只是那个农人的一面之词，我也没亲自看过，也不一定对。"

张大千听后，趁着去青城山写生的时机，跑到屋外仔细观察，发现树上的蝉果然都是头朝上的。回来后,他把自己的观察告诉了齐白石,齐白石神秘地一笑,说:"我也观察过!"

张大千此时才恍然大悟,原来齐白石早就知道自己错了,只是怕自己丢面子,才假称这些是从一个农人口中听到的。张大千对齐白石佩服不已。

生活中,发现了别人的错误,如果你不分场合,直言指出,让对方感到难堪,他就很难听得进去;如果用求教、探讨的语气说出来,给对方留点面子,会让对方心里更舒服,效果往往更好。

12. 明明是拒绝,说出来却成了鼓励和赞美

> 没有人会去拒绝一句真诚的鼓励,如同炎热的6月不会拒绝那杯清凉的水。
> ——佚名

生活中,我们即使要拒绝别人,话语也不要说得太生硬。不妨多夸夸对方的优点,把拒绝变成鼓励和赞美,给对方留足面子。

著名主持人大鹏,学生时代自己就录了几盘磁带,放到学校门口一个卖磁带的小摊儿上代卖。

几天过去了,根本无人问津。摊主要留出地方来摆别的磁带,只能把大鹏的磁带退回来。

他说:"你这几首歌,我自己听了几遍,都挺好听的。不过现在这人都不识货,只要明星的歌儿。我看你也就录了这几盘,不如拿回去,好好珍藏起来,将来回头看看,听听自己以前录的歌,一定会有不一样的感觉。你这

么努力的年轻人，将来一定会有成就的。等你红了，这几盘磁带就会成为你成长的见证，成为最珍贵的纪念。"

大鹏听到这些话，十分感动。他丝毫没怪这位摊主不肯卖他的磁带，反而一直对这位摊主念念不忘。

这位摊主拒绝大鹏，却没有说他的磁带不好、没人买的事实，而是夸奖大鹏的歌儿好听，是别人不识货，并指出这些磁带有珍贵的纪念意义，丝毫没有伤害大鹏的面子。

明明是拒绝的话，却起到了鼓励人的作用，不仅给足了对方面子，还鼓舞了对方的信心。

13. 巧妙暗示比直接批评更有效

巧妙的暗示胜过直接批评。

——佚名

在批评、指责别人错误时，当头一棒往往伤害别人的自尊心，且对方也未必会心甘情愿地接受你的意见。如果我们能够用暗示的办法，让对方意识到自己的错误，那么效果往往比较明显。

一位百货公司的总经理为了检查员工的工作，经常会去卖场视察。这一天，他又来到了卖场巡视。突然，他发现有一名顾客在柜台前等待，却没有一名工作人员过去服务。那些售货员都在离柜台很远的地方，三个一堆，五个一群，彼此又说又笑。

这个经理本想训斥一下这些工作时间不认真的员工，但是转念一想，在大卖场里训斥员工影响不好。于是他走到柜台前，亲自为那名顾客服务，等到那些售货员看到经理的时候，一个个不知所措。服务完之后，经理并没有说什么，而是意味深长地看了那些销售员一眼，就离开了。

其实，在卖场里出现这样的情况已经不是一次两次了，这名经理也多次为这样的事情大动肝火，但是收效甚微，那些售货员对经理的训斥根本就不以为意，更不以为然。但是，这一次，经理的这一举动明显比以前的训话要有效得多，在接下来的很长时间里，经理再去卖场巡视的时候，就没再发现这样的问题。

很多时候，我们往往会站在自己的立场上去思考问题，因此，在批评他人的时候，我们始终认为自己的出发点是好的，因而在批评的过程中肆无忌惮，经常性地采用一些具有攻击性和侮辱性的词语。这些对于被批评者来说都是不可接受的，在他们看来，你并不是在批评，而是在对他进行人身攻击。因此，他们对于我们的批评往往会不屑一顾，甚至会反唇相讥。相反，如果我们能够采用巧妙的暗示，让对方意识到他们的错误，那么他们不仅会改正错误，还会对我们心存感激，因为我们保全了他们的颜面。

有些人可能觉得暗示是一件很困难的事情，其实，暗示很简单，我们可以用很多简单的方法向对方暗示他的错误。比如，我们可以用讲故事的方式来暗示他人，当然这个故事的内容要与你所要批评的人的错误有关。借用故事，并对故事中的人进行点评，一次来点醒对方。

我们还可以用一些幽默的语言来暗示对方。总而言之，只要我们能够在别人犯错的时候，控制住自己的情绪，不携着一股雷霆之怒对别人进行批评，就一定可以想到暗示的方法。

第十天

口才训练仅需10天

谈笑风生,学一点幽默技巧

1. 不知当下流行的搞笑语录？你OUT（落后、落伍）了

> 幽默能让很好的关系锦上添花，更能让尴尬的关系变得烟消云散。
>
> ——佚名

有人说，语言的最高境界是幽默。在短短的问答中能否运用幽默、运用多少幽默，是衡量语言高下的重要标准。拥有幽默口才会让人感觉你很风趣，有很高的文化素养和丰富的文化内涵，折射出一个人的美好心灵，这样具有魅力的人谁不喜欢呢？

幽默能给已经很好的关系锦上添花，更能使尴尬的关系变得烟消云散，能使陌生很快变得熟悉，关系变得融洽。但是，怎样说话才能让人觉得幽默又不落俗套？其实，生活中，只要你留意一下那些有趣的事、有趣的词，并加以运用，你的幽默指数就会提升。

陈强的朋友林淼非常喜欢画油画，有一次，林淼约了一些朋友在家里聚会，大家玩得高兴时，就嚷着要林淼现在作画，让大家看看。

陈强坐在林淼的旁边一边欣赏一边说："我真希望能够把这些奇异的色彩带回家。"林淼抬头看了看陈强，说："你会如愿以偿的。"

这让陈强既惊奇又欣喜，接着林淼又说："你正坐在我的调色板上。"陈强一摸自己的屁股，满手都是黏糊糊的水彩。他哭丧着脸说："我的妈呀！这可怎么办？"

其中一个朋友语调平静地说："不急，你妈打酱油去了。"直引得在座的人哄笑不已。

当然，并不是每个人都能具有这种幽默的魅力，因为讲笑话也是有一定技巧性的，不是任何一个人开口讲个笑话，就会有人笑的。那么，我们怎样才能学会说幽默而风趣的话呢？

幽默源于生活，只要你善于观察，认真听取别人说话的内容，幽默无处不在。高博就是个将生活中的真实幽默事件娓娓道来的主持人，观众听了不仅不会生厌，而且兴趣会更浓。

跟别人说话的时候要多动脑筋，多联想其他的事物，说话的语气活泼点，表情夸张丰富点，平时看多一点经典的电影什么的，记一记别人的经典对白，有时可以改一改谚语什么的，有时也可以直接用上。

生活中，有趣的关键词很多，要达到信手拈来，就要扩大自己的生活关注面，多了解一些流行用语。假如某一天对方丢出一个关键词，别人笑得前仰后合，眼泪都出来了，而你却不之所以然。为什么？因为你根本不知道这个词的来源。因此，有知识有学问、见多识广、关注时下社会事件的人才能随时丢出几个有趣的关键词。

2. 向主持人孟非学习自嘲

懂得自嘲的人，是极聪明的人。

——佚名

在与人交往中，难免会遇到窘迫和尴尬，这个时候，如果能恰到好处地运用自嘲，开自己一个玩笑，化尴尬于融洽，让难堪在笑声中不了了之，这样做，不仅能赢得别人的友善，还可能会因为你的幽默而获得别人的支持。

自嘲是幽默的最高境界，将幽默的矛头指向自己，一般人很难做到这一点。自嘲需要直面自己的缺点,坦承自己的不足,这是一种勇气。生活中一个人是否有幽默感,要看他是否敢出自己的洋相。但是很多人,知道自嘲可以化解尴尬,却不知道怎么运用,今天,我们看看主持人孟非是怎么把自嘲运用得恰到好处。

《非诚勿扰》的演播室,开录之前,孟非正在给24位漂亮的女嘉宾试验亮灯和灭灯的环节,"大家假想一下哈,比方说,现在上场的男嘉宾是金城武……"哗!24盏灯全亮着!台下观众热烈鼓掌!"大家再假想一下,现在上场的男嘉宾是我……"孟非说道。一连串此起彼伏的悲壮"叭叭"声!24盏灯全灭了。"她们可能觉得我跟她们不是一辈儿的吧。"孟非自嘲地找原因。还有一次,孟非和郭德纲同台主持《非德要看》,孟非对于节目的形态调侃道:"我们是一档帮助女人识别男人谎言的闯关节目,生活中人们总会遇到这样那样的谎言,有的是善意的、有的是恶意的,也有的是说着玩的,比如郭老师你真帅!"郭德纲:"其实你也挺帅的。"孟非:"不存在……"

当言谈陷入窘境时,逃避嘲笑并非良方,也不是超脱,但是,你怒不可遏地反唇相讥会遭到更多的嘲讽,这时不如来个自嘲自讽,反而显得豁达和自信。这种超脱使自己摆脱了"狭隘的自尊心理束缚",又堵住了别人的嘴巴。自嘲,是一个人幽默的最高层次,他们常常通过嘲笑自己的长相、缺点、遭遇等,轻松地摆脱困境,并消释误会,抹去苦恼,感动别人,并获得自尊自爱。自嘲,能增添情趣。在一些交际场合,运用自嘲可以增添乐趣,融洽气氛,增进彼此的了解和友谊。

睿智犀利、妙语连珠,是孟非主持的显著标签。而对于自己自嘲的幽默,孟非则认为不能视为一种能力,"幽默感不能像培养写作能力一样培养,幽默感是小小的'奢侈品'。生活中,没有幽默感一样活得很好,但有了幽默感,你会觉得人生更有乐趣,和人相处更融洽和谐,你的生活更愉悦,所以幽默感更多的是一种生活态度。"孟非认为,幽默感没必要强求学习和锻炼,"首先得有一个开朗的性格,才可能具备幽默感。而所有给我们带来幽默感的东西，实际上是换个角度理解问题"。

3.一定要能说一两句笑话

> 你不能老是板着面孔与人相处。幽默感是最重要的，它会使你的工作变得更为容易，同时也会给你的职工的生活带来深受欢迎的阳光。
>
> ——帕金森·鲁斯特莫吉

而从某种程度上讲，懂幽默的人必然是会讲笑话的人，而从心理学的角度来说，笑具有让人情绪放松的效果，可以消除一个人的紧张感。因此，很多人喜欢和会讲笑话的人接触。一个会讲笑话的人必然是可爱的，这是大多数人的想法。

《30年金曲大赏》29日在长沙烈士公园正式启动，这是由湖南娱乐频道与金鹰网等媒体共同举办的省内的一次活动，届时各著名主持人、笑星及星姐纷纷到场助阵。

活动中途娱乐频道名嘴李响上台，出乎意料的是他一登台竟讲起了冷笑话，"曝料"郭彪与快男魏晨和陈楚生其实早就认识："记得早年三人同住一间房子，每天郭彪看着魏晨、陈楚生就恨得牙痒，天天一个人瞎琢磨，他们俩怎么就长那么帅呢？终于有一天郭彪受不住了，跑到街上找小贩买了瓶硫酸，趁着魏晨、陈楚生睡觉时偷偷一笑，看我怎么喷你们一脸硫酸毁你们容！说完就往嘴里倒了一口。大家看，本来他是唱青藏高原的，后来就只能唱张学友的歌了。"

李响的冷笑话一个接一个，工作人员不得不催促他赶快下场，但李响正当兴头，哪里刹得住车，结果直逼得导演把他硬拉下台，然而台下的观众却已笑得人仰马翻。

　　笑话作为改善不和悦气氛的处方非常有效。所以，一定要会讲一两句笑话。但会讲笑话并非天性，也可习惯成自然，但需要丰富的笑料储备资源。从生活百态、电影、读书等事务中，如果发现有机敏的幽默故事或者笑话，都可以拿来用。

　　记录笑料不必死记硬背，只要抽出笑话的精华部分，然后把它巧妙地插入谈话中就可以了。如果事先不努力把笑话记在脑子里，就无法运用它们，把它们插入日常的谈话里。

　　除此，说笑话要真实自然，而不能矫揉造作。如果你整天冥思苦想怎样才能引人发笑，这样就势必说得牵强附会，缺乏真实感，弄巧成拙。说笑话不能模仿别人，必须有自己的独特风格。讲笑话时要略带一点"憨气"，一个喜剧演员在表演时，观众都被逗得大笑，他却一本正经地站着，观众见到他显得傻里傻气的样儿，反而更加乐得前仰后合。

　　不能简单地认为"只不过是笑话而已"而轻视笑话。一切的生活离不开笑话的参与，必要的时候，得懂得用笑话来代替不能直接回答或接过的话头，又或者调节气氛等。因此，会一两句笑话很重要。

4. 出丑时，抢在别人笑你之前先笑自己

　　先嘲笑自己的人，不会被别人嘲笑。

——托马斯·富勒

　　生活中难免有出丑的处境，有时是在同事之间、有时是在公开的严肃场

合，有人出丑就必然有人发笑，当我们自己出丑时应该如何应对呢？答案就是先笑自己。

先笑自己的好处并不能让别人忘了我们的出丑，而是能把这次出丑从"丢脸""尴尬"转化成幽默好玩的事，不会对我们造成延续性的心理负担，并且大气幽默、自我嘲笑的人往往能博得别人的喜爱，觉得这样的人善于化解尴尬，在生活中懂得幽默。

一般情况下，官员露面都是西装革履，非常庄重的样子，但也难免有出糗的时候。比如热爱美式橄榄球的加拿大多伦多市长福特，2012年，多伦多市政府新闻报通知媒体称，市长福特当天将在市府前广场亲自招待记者，为当地的橄榄球运动做宣传，并"表演一两招"，大批媒体因此蜂拥赶赴采访。

当天，广场围满了记者和市民，福特在市府前广场人工草皮上表演传球，并让媒体拍照，只见福特手拿着橄榄球，学着四分卫准备将球丢出，却不慎失去平衡，胖胖的身材往后摔倒，引起在场记者及观众哈哈大笑。当众出糗的福特笑嘻嘻爬起来，旁人见状赶紧趋前扶起他，福特赶紧跑到镜头前，自嘲地说："没关系，我的肉很厚。"

在别人笑之前先笑有一种"堵住别人的嘴"的味道，可以说这是一种"先发制人"的说话之道，把出丑的瞬间转化成展现自己幽默口才的机会，从而赢得别人的肯定，这就是先笑自己的真正含义。

比如摔倒后爬起来问问别人"我屁股成两瓣了吗"，这能让你的印象分扭亏为盈。自嘲不会见笑于人，反而会使人感觉你很有幽默感，有魅力，有亲和力。

出丑的瞬间不可怕，可怕的是不会正确地处理出丑，有的人一遇到这样的情况只会红着脸躲到角落里，以为别人会渐渐忽略这样的事情，相反这样会给人一种逃避的形象，更能给出丑增加笑料。要善于用自己的口才处理出丑或者尴尬的瞬间，用自己的豁达和机敏赢得别人的好感。

化解出丑、避免尴尬要靠自己灵巧的舌头，在遇到出丑时刻的时候不要着急躲避，先想着如何用巧妙的语言把别人的目光吸引到自己的语言上来，这就是想要化解出丑最基本的原则。这是一种敢于自嘲的豁达胸襟，这是一种懂得幽默的生活品质，笑自己才是一种洒脱的幽默，让别人认可你的豁达，跟随你的幽默。

5.玩笑有度，小心踏入对方禁区

> 开玩笑可以，一定要适度，否则很容易惹上麻烦。
>
> ——佚名

日常生活中，有些人喜欢开玩笑，这是可以理解的，但是，切记不可过分，开玩笑必须有度。比如，有人打电话给你："今晚在某酒店某号包间请客，请准时参加，不见不散。"结果你去了，却发现这是个开玩笑的骗局。这样的玩笑，最多浪费朋友一点时间，不至于造成很坏的后果，大家还是可以接受的。

愚人节那一天，上大学的李慧霞想念自己的家人，于是她想出了一个法子，就是让闺蜜打电话给家里说"你们家慧霞出车祸了，现在在医院已经快不行了！"

李慧霞的父母听到了这个消息之后，像重磅炸弹一样在家里炸开了，火急火燎地连夜赶到学校，当看见李慧霞蹦蹦跳跳的样子，父母满脸疑惑。最后父母得知李慧霞是装病后，便愤然离去。

开玩笑虽然是乐事，但不应该触碰道德底线。在我们现实生活中，就有很多事情因玩笑而起，酿成了不可挽回的损失和恶性的事件。例如，当你出席一位朋友的葬礼时，如果你说："你的先生一定是个很坚强的人，因为他父亲是个闻名的石匠呀！哈哈哈……"将石匠和坚强联想在一起的幽默，固然无可厚非，可是由于使用的场合不对，结果只能使得周围的人感到气愤："这个人怎么如此没礼貌？大家都这样伤心，而他却嬉皮笑脸！"如果换成另一种场合，效果也许就大大的不同了。所以在发挥我们的幽默感时要看准时机、场合，同时需要注意以下几点：

第一，有种族的笑话以及残疾人的笑话都不适当，因为这可能会冒犯到别人。例如：拿别人的生理缺陷开玩笑，这是在故意揭别人的"疮疤"，把自己的快乐建立在别人痛苦的基础之上。

第二，不可用玩笑来蔑视别人的职业，玩笑不应含有蔑视别人职业的成分存在。

第三，不要挖苦女性的容貌。若对方是女性，尤其是妙龄少女的话，那么你挖苦女性容貌的玩笑只可能使得对方感到厌恶而已，对方甚至会对你的人格打折扣。

所以说开玩笑一定要适度，否则就会惹上麻烦，我们要在平时的生活中多加注意自己开玩笑时的时机与场合，保证自己开玩笑时能使别人从心底由衷地笑出来。

6.大词小用，语言表达更风趣

幽默的人必定是有魅力的人。

——佚名

大词小用，顾名思义，就是运用一些语义分量重、范围大的词语来表达某些细小的、次要的事情，或者将一个小事物故意说成大事物，使所用词的本义与所述的事物产生极大差异，造成一种词不符实、对比失调的关系，由此引出令人发笑的幽默来。

因为汉语的词汇极为丰富，词义、感情、范围、语意等都有着不同的意义，运用时稍有疏忽就会出错。不过，在一些语境当中，故意把大词小用也能产生出意想不到的幽默效果。而且，这种幽默的应用范围极其广泛，即便你没有幽默细胞，也能运用这一方法轻松地幽上一默。

冯巩和闫学晶有一年的春晚小品，冯巩扮演的人物吹牛："我们北京爷们儿个个都是皇上……"最后闫学晶扮演的人物问道："你们北京爷们不个个都是皇上吗？"冯巩说："是，但是人家在家垂帘听政。"

如此庄重、大气的词语，用在相互交流时的谈笑风生上，着实令人为之捧腹。生活中，我们也可以时不时地尝试一下大词小用的幽默法，既简单易创造，而且幽默效果也非同小可，在将人逗得捧腹大笑之时，不知不觉间又活跃了交际气氛。

我们在与人交谈时，适当使用大词小用幽默法，可以让笑料层出不穷，既能表达出自己的意思，又能迅速拉近与对方的距离感，因为几乎人人都比较喜欢与快乐、幽默的人打交道。

一次，著名作家郁达夫请朋友上饭馆吃饭。他害怕弄丢了钱，就把钱塞在了鞋垫底下。

饭毕，郁达夫大大方方地脱了鞋子，从鞋垫底下抽出几张钞票，准备去结账。朋友见到这一幕十分不解，疑惑地问："您这是……"

"哎！"郁达夫抖了两下手中的钞票，风趣地说，"这个东西过去一直在压迫我，现在也该轮到我压迫它了！"此言一出，朋友哈哈大笑。

把钱塞到鞋垫底下，这种行为看起来多多少少会"有失身份"，可郁达夫并不感觉尴尬，反而表现得极度自然，不忘顺便来个大词小用，幽默地对自己进行一番调侃。在他看来，把钞票藏在鞋垫底下，这种无足轻重且滑稽可笑的小事无伤大雅，反倒能让人在轻松一笑中感受到他的率真和可爱之处。

大词小用是一种可爱的夸张式幽默，在这个问题上不需要太拘泥，应根据自己的理解灵活运用，运用夸张的话语形容一件很小的事情，产生强烈的反差，这就是幽默的来源，并且不会让人觉得不舒服或者做作。这种幽默是随时都可以释放出来的，有利于我们瞬间展现幽默。

7. 现学现卖，不笑都难

现学现卖是一种生存本领。

——佚名

现学现卖也是一种搞笑手段，通常是对于自己从没接触过或是不会的语言、动作等，现场跟着对方学，边学边"卖弄"。由于"原版"与"翻版"必定会有出入，往往会有着幽默搞笑的表现，尤其是在娱乐节目中，现学现卖很容易调动现场观众的积极性，从而使场内气氛迅速升温。

有时候，现学现卖不是为了娱乐大众，而是为了应急，才不得不着急地有样学样，但即使是这样，也会制造出意外之喜，有着别样的幽默效果。

"No money（没有钱），no woman（没有女人），就是北京""我也爱您。"在2001年的电影《大腕》中，葛优夹生的英语制造出的幽默效果让人捧腹。而在2009年葛优接拍的《气喘吁吁》的导演郑重接受采访时说，在片中，跟葛优对手戏最多的，是美国著名演员约翰·萨维奇。葛优在片中有大段的对白是纯英文，不允许夹杂中文。

这可难坏了英文一向不怎么样的葛优，导演郑重说，在每场戏的前一天，葛优就先跟英语老师沟通这场戏的一些情节、场景，然后由英语老师一句一句讲给葛优听，葛优也就把英语台词死记硬背下来，都是现学现卖，临时抱佛脚。

据郑重介绍，葛优的英文发音带有中国口音，听上去有点蹩脚，加上他的表演，让人忍不住发笑。不过，这倒也符合片中人物的身份：上个世纪90年代出过国，英语口语水平有点差，口音比较重。郑重称，葛优不太流利的英文，恰恰更能表现出影片的幽默效果。

虽然是现学现卖，但结果仍是显示葛优这一口蹩脚的英文，恰恰成了影片的一大亮点，人们看到葛优的幽默表演常常笑不自持，由此《气喘吁吁》也有了别样的看点。这正是现学现卖、歪打正着出来的喜剧效果。

在人际交往中，现学现卖是个活跃气氛、带给大家快乐的法宝，试想一下，在死气沉沉的现场，每个人都疲惫而无活力，这时忽然有人对他人的言行举止来个现学现卖，现场气氛立刻就变得热情高涨起来。

现学现卖就像一个幽默炸弹，猝不及防地就在人群中炸了开来，令人乍一愣神，随即大笑不已。我们在与人交往中，不妨也时不时地来个现学现卖，让他人不笑也难，而我们也在这样快意的笑声中显得更有魅力。

8. 调侃他人，把握分寸更应景

> 在语言交流上，适度的调侃的确可以彰显自身的幽默与机智，还可以无形中拉近彼此的关系，给人亲切感。但凡事要有度，玩笑话若说过了头，难免引起误会或与目的相左。
>
> ——佚名

就算你有再好的口才，调侃也要有一个尺度，尤其是调侃别人的时候，那些可能让对方尴尬或误会的话不说为妙。调侃自己的时候可以适当地放开，但用在别人身上时就一定要注意分寸以及场合，避免引起误会。

美国总统里根有一次在国会开会前，为了试试麦克风是否好使，张口便说："先生们请注意，五分钟之后，我将宣布对苏联进行轰炸。"此语既出，顿时全场哗然。为此，苏联政府提出了强烈抗议，令美苏局面尴尬。

里根总统的话虽幽默，但却脱离了当时的场合以及群众能够接受的层面，因而造成的结果不是幽默而是慌乱。这种让人尴尬的玩笑，就像"狼来了"的故事一样，自以为是在调侃别人，其实最后处于尴尬境地的人，只有自己而已。

什么样的环境下开什么样的玩笑，考验一个人是否会说话。一般来说，调侃别人本来不须特别照顾对方的尊严。但如果使对方太难堪了，那就失去了开玩笑的意义。

调侃别人之前，先要弄清楚你所选择的对象是否受得起你的玩笑。熟悉的朋友之间，大家相互取乐，说话不受约束，是朋友间相处至深的表现。但凡事有利也有弊，开玩笑弄得老朋友间不欢而散的事常有。一旦玩笑过了火，就不再是幽默。

调侃别人，要看对方的性别、身份、地位、阅历、文化素养以及性格。一般老朋友或亲人家属间调侃的尺度可以偏大一些，即使玩笑开得有些过火也无伤大雅。但如果对方是上级、名人、长者、陌生人、女性尤其是妙龄少女、性格忧郁或孤僻的人、对工作或职业不满的人，一般不宜随便开玩笑，尤其是千万不能拿别人生理上的缺陷来调侃，对于一个人的不幸，应该是怜悯而非用来取乐。

同时，要了解对方是否喜欢开玩笑，对于原本就一脸严肃的人，大胆的玩笑很可能令其尴尬或无从应变。

不同的场合对幽默的言辞也有着不同的要求以及限制。比如，在比较高雅的宴会上，需要的是高情调以及高涵养，但这并非是禁止相互调侃，而是需要调侃的言语与这份高雅相协调。也就是说，调侃中的言辞必须是积极、向上、赞美、愉悦的。

一个懂得在不同的场合可以恰如其分地调侃他人，给他人和场面带去欢乐的人，必然会引起大家的好感和关注。

9.巧用俏皮话，提升幽默感

风趣幽默的语言往往能产生"四两拨千斤"的力量，达到举重若轻、一言九鼎的交际效果。

——佚名

很多时候我们都可能要去应付一些不合理的要求、令人不快的行为或者尴尬的场面。在这个时候，不妨适当地选择添加一些小幽默来舒缓彼此之间紧张的气氛。适当地添加一些幽默的语言，不仅可以消除彼此之间的疏离感，而且还能达到彼此惺惺相惜的默契，还可以使自己更容易与人亲近，更富有人情味。而如果这时我们能够在紧张的气氛之间，偶尔来两句让人发笑的俏皮话，那么无疑是一种活跃气氛的最佳方式。

当你在与他人交往时，如若彼此之间的气氛不是特别好，那么不妨神色自若地使用一下幽默，相信定能达到你想要的交流效果。毕竟幽默是成功社交的捷径，是我们每个人能够博得好感、拉近与他人距离的好方法。

美国著名的主持人丹弗里曾主持了一场晚会，这场晚会并没有其他节目，只是丹弗里和协助他主持晚会的几个文艺界著名人士在台上进行脱口秀，而台下的观众始终兴致盎然，笑声、喝彩声不断，气氛十分热烈。下面我们看看丹弗里与明星雷利的一段对答。

鬓发斑白的艺坛老将雷利拄着拐杖，步履蹒跚地走上台来，很艰难地在台上就座。看到这样一个老人，让人很自然地为他的身体担心。所以丹弗里开口问道：

"你还经常去看医生？"

"是的，常去看。"

"为什么？"

"因为病人必须常去看医生，这样医生才能活下去。"

此时台下爆发出热烈的掌声，人们为老人的乐观精神和机智语言喝彩。

丹弗里接着问："你常去药店买药吗？"

"是的，常去。这是因为药店老板也得活下去。"

台下又一阵掌声。

"你常吃药吗？"

"不。我常把药扔掉，因为我也要活下去。"

丹弗里转而问另一个问题："嫂子最近好吗？"

"啊，还是那一个，没换。"

台下哄然大笑。

幽默能够迅速消除人与人之间的陌生感，并为幽默者增添魅力。幽默也能拉近人与人之间的感情距离，因为一起笑的人表明他们之间已经有了共同的兴趣、爱好，这是社交成功的第一步，也是很重要的一步。在生活中，偶尔幽上一默往往与乐观、愉快、希望等联系在一起。因此，在人际交往中，获得别人好感的关键因素之一就是：把幽默注入别人的内心，消除彼此之间的疏离感，让大家都成为你的朋友。

还有在气氛非常紧张和严肃时，一句富有幽默感的话语可以缓解紧张的气氛，好比打开了一道闸门，压力就此消失了，换来的是融洽的气氛。而用这种方式，同样对于商谈的成功也起着非常重要的作用，因为能够很好地拉近彼此之间的距离，让拘束感不见。

我们应该学会在适当的场合中，恰当地加上一些小幽默和俏皮话来点亮自己的光彩，拉近与他人之间的距离，并且博得他人的欢心。

10. 幽默式批评，让人更容易接受

> 用风趣、幽默的方式说出严肃的真理，比直截了当地提出更容易让人接受。
>
> ——雷曼麦

提起批评，人们总认为是一件板着脸的严肃事情，其实不然。批评虽然是对人有所指，对事有所针对，但完全可以换一种语气或者方式，让对方即使是在明知被批评的情况下，依然能认识到自己的失误之处，从而欣然接受。

幽默的批评不仅是一种巧妙和艺术的表达方式，而且还是一种让他人和自己都能保有尊严的表达法。当我们很想表达一种内心的强烈愿望但又不便直言快语时，不妨借助于"幽默"。

众所周知，记者有权将各种新闻材料挖掘出来呈现给公众，达到传播信息的目的。但这也会给许多人带来麻烦，比如许多明星级人物，就对娱乐记者针对于某一鸡毛蒜皮小事的刨根问底很是反感。但有人就能在大家对记者唯恐避之不及时，反而能与记者"讨价还价"。

有记者问易中天："你现在羡慕什么人？"

易中天抬眼看了记者一眼，笑了："你们呀！你们记者是'无冕之王'嘛，想问谁就问谁，想问什么就问什么，想怎么问就怎么问。我就只能被别人问。而且随便一句什么话，都会被当作'呈堂证供'记录在案，然后断章取义地来'量刑'。如果'态度不好'，肯定'从严论处'。所以，我羡慕你们，就像犯人羡慕警察。所以，拜托以后提问时，稍微考虑一下'犯人'的心情，行不？"

易中天对记者的批评之言实在是妙，巧妙地用比喻手法将自己与记者比

喻成犯人与警察，并借机道出心中的不满——"警察"有时太过专横，不讲理，会让"犯人"们有冤无处诉。这些话犹如给了所有记者们一记响亮的耳光，提醒着他们：在报道别人的八卦事迹时，也要根据事实依据，红口白牙地信口开河除了给别人添堵，更多的是显示你自己的品质问题。

  当我们批评别人时，也要讲究场合。一般来说，在有第三者在场的情况下，即使是最温和的批评也会让对方觉得没面子，不管你的批评正确与否，他都会因此而愤怒。这时，我们不妨加些"幽默"的元素进去，看似漫不经心，实则非常犀利。有位老师在班里点评学生的作业时，看到一个孩子的字又宽又大，格子塞得满满的，就说："你的字该减肥了。"有的孩子的字写得大小不一，他就说："让你的字营养均衡一些，好吗？"还有的孩子的作业本上被橡皮擦得黑一块，灰一块，难看极了，他又随口说道："回去给作业本美美容吧。"这样的幽默批评让孩子们在笑嘻嘻中认识到了自己的错误，并且很快就改掉了。

  幽默批评可以是一剂良药，可以是一股涓涓的溪水，它是善意的，也是温暖的。因此，让我们都做这样一个热心的人，在批评他人的时候能做到幽默诙谐，让批评之言变得动听起来。

11.别把黄色笑话当幽默

> 黄色笑话讲多了，会让周围的人觉得你这个人粗俗不堪。
>
> ——佚名

  有不少人认为讲黄色笑话是很正常、很普通的事情，更有甚者，把讲黄色笑话视为博取别人关注的手段。诚然，在一些无关紧要的场合，偶尔开个玩笑也是可以的，但讲黄色笑话这种事情要是不分场合地频繁上演，那就麻烦大了。

  刘进在一家公司工作时特别喜欢讲黄段子来调节气氛，之前在学校他就是一名活跃分子，在宿舍里经常给大家讲黄色笑话，在办公室的闲聊中可谓是发挥了特长。每次在工作比较烦闷的时候，几个男同事就号召刘进"来一个"，刘进一般都积极响应，也不管同屋的女同事在意不在意，就开始讲起来。有时候他们还故意问女同事能不能听懂，搞得两个女同事面红耳赤，不得不在他们讲黄色笑话的时候借故出去以免尴尬。

  有一次，领导从他们办公室附近经过，结果看到两个女同事在外面聊天，于是就上前问什么情况，两个人你看看我我看看你，都不好意思开口。领导就自己推开了门，此时的刘进正背对着门口激情昂扬地讲着，面对破门而入的老板，大家都止笑噤声，还一个劲地跟刘进使眼色。刘进转过头来，满脸得意突然卡住了，只剩下满脸的尴尬。

  不久之后，刘进就因为在上班期间不认真工作、传播黄色思想而被开除，自己吞下了自己种下的恶果。

  "黄色笑话"虽然盛行但是也要注意场合，和同事亲密的朋友在一起可以讲一下调动气氛，但是在办公室永远不要去触碰它。身在职场办公室，你就要学会杜绝这些"黄色垃圾"，不要因为一个"笑话"而丢失一份工作。

  但总是有一些人认为黄色笑话是体现自己幽默感的一种表现，其实周围的人只是碍于面子不好意思说出来。当你有讲黄色笑话的念头的时候，应该清醒的认识到这一点，千万别总自以为是，认为自己很能讲笑话，很有幽默感。你要明白这种爱好与幽默无关。虽然你把别人逗得喜笑颜开，但他们极有可能转过身去就开始想："天哪，这个家伙真无耻！连这种话都说得出来。""这个人脑子里天天都想些什么？"要知道，别人不会因为你的黄段子讲得好，就对你真心结交和崇拜的，有可能他们会在以后的时间里渐渐疏远你。

12. 幽默不同于滑稽，更不是讽刺

> 有的人对幽默具有一些乱七八糟的领会，只看到低级、琐碎的事物的可笑一面——主要是非常明显的不协调、荒谬、怪诞以及引人发笑的东西。而世界上还有高级的、滑稽可笑的东西，就不是他们迟钝的眼光能看到的了。
>
> ——马克·吐温

滑稽和幽默，一个是浅薄的逗乐，而另一个是智慧的闪现。

一个女演员受邀参加某颁奖仪式，上台时，披肩不小心从肩上滑落到了地上。这让人觉得很滑稽。

假如女演员将其捡起来再披在肩上，可没走几步披肩又掉了下来，再捡再掉，最后只好气急败坏地说"这条披肩真难缠"就会显得更加滑稽了。不论观众是否笑得直不起腰来，这样的场景，也只能停留在滑稽的档次上。

但是，聪明的女演员却没有那么做，而是将地上的披肩捡起的同时说了一句："唉……这女人一过三十，什么都往下掉！"这就是幽默的表现了，这种幽默不同于滑稽，不但免除了尴尬，还用自己的年龄作为调侃，让人会心一笑，真是一绝！

在生活中，经常有人把幽默和滑稽混为一谈。其实，两者之间存在着很大的差别。滑稽的目的在于为人提供噱头，生活中可以见到一些滑稽现象，例如某些相声里表演的挺大块头的老爷们，却忸怩作态，说一些小姑娘才说的话，这就是滑稽。贫嘴瞎逗、装傻充愣固然能使人发笑，但这种笑是由于荒唐怪诞而引起的，并没什么内涵和新意，更没什么值得细细品味的东西。

而幽默则包含了更加广阔的范围，比如：娱乐、快活、喜悦、欢愉，还有缓解困境和尴尬的作用等。比如有一位秃头的先生，当别人笑称他聪明透

顶时，他居然笑答："你小视我也，我早就聪明绝顶了！"这便是一种自嘲式的幽默了。你想，若不是他有相当的自信，又怎能将就别人的话，幽自己一默呢？

所以，幽默并非单纯的滑稽，可以说它比滑稽层次更高、内容也更为深刻。

13. 初次见面，用幽默的方式介绍自己

> 附带着幽默的自我介绍会为我们加分。
>
> ——佚名

在初次与人见面时，我们一个幽默的自我介绍，往往能给人留下深刻的印象。

谭飞是一个个子不高、戴着眼镜的电视节目主持人，他在向大家介绍自己时是这样说的：

"单看咱这形象，不如在电视中那么闪闪发亮，眼不大还有点近视，但这丝毫不影响我的睿智与远见；耳朵虽小，更提醒我要耐心倾听观众的心声。嘴巴也不气派，正说明我不夸夸其谈，唢呐和号角的孔都不大，但同样能怒吼与呐喊；个子虽然矮小了点，可潘长江先生说过：'浓缩的都是精品。'有人说'缺点在一定条件下也会成为优点'，这话难免有些夸张，但'缺点在一定条件下会成为特色'则是毋庸置疑的。"

谭飞的介绍借容貌自嘲这种看贬实褒的介绍技巧给他人留下了深刻的印象。

自我介绍，关键是要给人留个好印象。就如所谓的"首因效应"，它在人们心目中一旦形成，便定下了对这个人认识的基调，成为以后交往的依据。初次见面，说话幽默得体，不但会给对方留下好印象，也会为彼此的交往打下良好的基础。

要记住，做自我介绍的时候，一定要记得微笑，如果你一直板着一张脸，就是再幽默的句子，也让你一脸的僵硬给毁了，更达不到预期的效果。所以，你要明白，其实，面部表情也是一种语言，它是首先拉近人与人距离的最直接的语言。

除了注意表情，下面就要注意你的表达了。做自我介绍的时候，千万不要罗里啰唆说一大堆，但是到最后别人还不知道你到底是谁，你有什么兴趣爱好和特长。你要巧妙地把你的爱好、特长安插在一些你故作幽默的片段里。你也可以适时地引用别人的言论，或者朋友老师对你的一些评价，这样便于大家记住你。尽量少地用虚词、感叹词之类，也千万不要自吹自擂，这样的人是最容易让人产生厌恶心理的。

14.化解尴尬的机智妙语

> 人人都喜欢幽默，因为幽默能够使交谈的内容变得更加生动活泼，气氛变得轻松愉快。
>
> ——佚名

在生活、工作中，我们常常遇到尴尬场面。如果处理不好，很有可能损坏自己的形象或使他人很没面子，从而影响活动气氛。如果随机应变，幽他一默，巧言妙语回答，不但能够很好地化解尴尬，而且会使气氛更加浓烈。

大哲学家苏格拉底就是一位非常有幽默感的人,他对别人的错误从不采取指责的态度。同样,对于自己的处境也很少感到窘迫或者为难,而是采取一种迂回的方式来表明看法或者化解尴尬。

据说苏格拉底的妻子性情十分暴躁,经常会当众给人人敬仰的大哲学家难堪。

一次,苏格拉底在同几个学生讨论某个学术问题,他的妻子却忽然叫骂起来,继而又提起一桶凉水冲着苏格拉底泼了出去,让苏格拉底在学生们面前彻底丧失了尊严。

当学生们感到十分尴尬而又不知所措的时候,却见苏格拉底诙谐地笑道:"我就知道打雷之后一定跟着要下雨的。"

仅仅是一句话而已,他的妻子顿时没了脾气,由阴转晴。同学们也都忍俊不禁地笑起来,更敬佩这位智者明哲的高超文化素质、机智幽默的语言以及他那坦荡的胸怀。

尴尬紧张的气氛总会在人的意料之外突袭,令人防不胜防。当你陷入某种难堪境地时,生气、动怒乃至暴跳如雷,都难以摆脱窘境。但习惯了使用幽默言语扭转局面的人清楚,一两句机智、巧妙的话语就可以打破沉寂,化解难堪,使心中的不快烟消云散。

15.就地取材,幽默无处不在

> 谈话时,幽默高手的最高境界是就地取材。
>
> ——佚名

生活当中,幽默无处不在,只要你留心,注意收集,就会发现处处都有幽默的素材。

有一次俞敏洪去哈佛大学演讲，演讲结束之后，他和几个哈佛商学院的教授去教师俱乐部共进午餐。结果在前往餐厅的途中，俞敏洪发现了很多警察和便衣，一打听才知道是尼日利亚的副总统（vice-president）来访问，于是他便开玩笑说："vice-president（副总统）来访问你们这么重视，我这个president（总裁）来，美国政府却不在乎，这也太不公平了。"一句话逗得在场诸人哈哈大笑。

在午餐时候，俞敏洪和大家进一步探讨了新东方案例，希望能够进一步完善，为下一届学生所用。这时，俞敏洪的幽默细胞又开始动起来了，他笑着说道："希望明年新东方的案例，不会变成讨论为什么失败的案例进入哈佛课堂，当然，就算失败了，我也会来谈失败的体会。"这一句话又把大家给逗乐了。

当然，要达到信手拈来的程度并不是一蹴而就的，需要经过长期的沉淀与积累。

幽默其实就在我们身边，它随时随地会出现在我们每个人的生活中，只要我们细心观察，就会捕捉到身边的趣事。